AI 시대를 앞서가는 탑렉(TOPREC) 솔루션

AI 시대를 앞서가는
탑렉(TσPREC) 솔루션

대기업 30년 경영혁신 전문가의 AI 활용 창의적 문제 해결 솔루션

이 세 훈

| 목차 |

008   서문

012   도입 1. 창의적 문제해결 영역에서 탑렉(TOPREC) 솔루션이 가진 차별성과 혁신성
014   도입 2. 일반적인 프롬프트(Basic Prompt)와 메가 프롬프트(Mega Prompt) 간 주요 차이점
021   도입 3. 탑렉(TOPREC) 솔루션의 프롬프트와 메가 프롬프트의 상관관계

1

AI를 이기는 탑렉(TOPREC) 창의력 개발법

026   1.1   AI는 창의적일 수 있는가?
031   1.2   프롬프트 디자인과 탑렉(TOPREC) 솔루션의 연계
036   1.3   창의성의 원천, 지식의 깊이와 넓이
041   1.4   탑렉(TOPREC) 솔루션 적용 원칙
046   1.5   탑렉(TOPREC) 솔루션을 통한 문제 해결 사례
051   1.6   탑렉(TOPREC) 솔루션 프로세스 실습
057   1.7   탑렉(TOPREC) 솔루션, 지속적 혁신의 엔진

2

탑렉(TOPREC) 프롬프트로 업무 혁신을 이끌다

064	2.1 탑렉(TOPREC) 프롬프트와 업무 혁신의 상관관계
071	2.2 탑렉(TOPREC) 프롬프트 작성의 노하우
076	2.3 효과적인 프롬프트 작성의 golden rule
083	2.4 TOPREC 프롬프트의 위력: 생성형 AI 적용 실제 아웃풋
093	2.5 업무별 프롬프트 활용 베스트 사례 — 신제품 출시 마케팅
102	2.6 업무별 프롬프트 활용 베스트 사례 — 솔루션 영업
111	2.7 업무별 프롬프트 활용 베스트 사례 — 트렌드 리서치 분야

3

일상에서 만나는 탑렉(TOPREC) 솔루션
: 창의적 사고로 삶을 혁신하다

120　3.1 아침 루틴에 적용하는 탑렉(TOPREC) 솔루션
　　　　: 하루를 창의적으로 시작하는 법

127　3.2 TOPREC으로 심화하는 가계부 정리
　　　　: 새로운 시각으로 재정을 바라보다

135　3.3 공간 정리에 도입하는 TOPREC 전략
　　　　: 집안 가꾸기에서 인생 가꾸기로

143　3.4 자녀 교육에 활용하는 TOPREC 사고
　　　　: 창의적 자녀 양육의 나침반

151　3.5 데이트 코스 기획에 적용하는 TOPREC
　　　　: 특별한 추억 만들기의 비밀

159　3.6 건강 관리 습관에 접목하는 TOPREC의 힘
　　　　: 지속 가능한 자기 혁신의 열쇠

167　3.7 TOPREC으로 시작하는 일상 속 자기 성찰
　　　　: 매일의 성장을 이끄는 루틴

4

업무 혁신을 이끄는 탑렉(TOPREC) 솔루션
: 프로세스를 넘어 사고의 전환으로

- 176   4.1   회의 문화 혁신을 위한 TOPREC 적용
  - : 토론에서 협업으로, 소통의 진화
- 184   4.2   업무 우선순위 설정에 도입하는 TOPREC 프레임
  - : 전략적 사고의 시작
- 192   4.3   메일 작성에 활용하는 TOPREC 테크닉
  - : 커뮤니케이션의 새로운 지평을 열다
- 200   4.4   고객 응대에 적용하는 TOPREC 전략
  - : 불만에서 감동으로, 서비스 혁명의 첫걸음
- 208   4.5   데이터 분석을 혁신하는 TOPREC 사고
  - : 인사이트 발굴을 넘어 전략 수립으로
- 217   4.6   신제품/서비스 기획에 적용하는 TOPREC 프로세스
  - : 창의성과 사업성의 완벽한 조화
- 226   4.7   TOPREC으로 재정의하는 자기 리더십
  - : 문제해결사에서 변화의 주도자로

서문

우리는 그 어느 때보다 빠르게 변화하는 시대를 살아가고 있습니다. 비즈니스 환경은 날로 복잡해지고, 혁신의 속도는 가속화되며, 불확실성은 일상이 되어버렸습 니다. 이런 상황 속에서 개인과 조직이 생존하고 성장하기 위해 가장 필요한 것은 무엇일까요? 바로 창의적으로 문제를 해결하는 능력입니다.

급변하는 시장에서 경쟁 우위를 점하고, 고객의 니즈를 선제적으로 파악하며, 업의 본질을 꿰뚫어 보는 통찰력. 이 모든 것의 근간에는 창의적 사고와 문제해결 역량이 자리 잡고 있습니다. 더 이상 정형화된 해법이나 과거의 성공 방식에 기대서는 살아남기 어려운 시대가 된 것이죠.

여러분 주변을 둘러봐 주세요. 수많은 기업들이 혁신 과제에 부딪히고 있고, 자영업자들은 새로운 돌파구를 모색하기 위해 안간힘을 쓰고 있습니다. 프리랜서로 활동하는 이들은 독창적 아이디어로 무장해야만 경쟁력을 가질 수 있고, 은퇴를 앞둔 분들조차 인생 2막을 위한 창업을 준비하고 계시죠. 이 모든 상황 속에서 승자가 되기 위한 핵심 키워드, 그것이 바로 '창의적 문제해결'입니다.

하지만 막상 문제에 봉착했을 때 우리는 어떻게 해야 할까요? 체계적으로 문제를 정의하고 창의적 해법을 모색하는 것, 결코 쉽지 않은 일이죠. 게다가 최근에는 ChatGPT로 대표되는 생성형 AI의 등장으로 인해 기회와 위기가 공존하는 혼란스러운 상황에 직면했습니다.

AI가 가져올 엄청난 변화의 소용돌이 앞에서, 많은 이들이 이 기술을 활용해야 한다는 절박함을 느끼고 있습니다. 하지만 어떻게 접근해야 할지 막막할 뿐이죠. 기존의 검색 위주 사고에 갇혀 AI를 피상적으로 사용해 보지만, 몇 번 시도해 보고는 "별 것 아니네"라며 흥미를 잃어버리기 십상입니다. 그야말로 AI 앞에서 무력감을 느끼고 있는 것이죠.

바로 이 책은 이러한 문제의식에서 출발했습니다. AI 시대를 살아가는 우리에게 필요한 것은 단순히 AI 기술을 배우는 것이 아닙니다. 근본적으로 사고하는 방식 자체를 업그레이드할 때입니다. 문제의 본질을 꿰뚫는 통찰력, 다양한 관점에서 해법을 모색하는 유연함, 창의적 아이디어를 현실로 구현하는 실행력. 이 모든 것을 아우르는 문제해결 역량 강화야말로 시대의 필수 역량이 된 것입니다.

이에 우리는 창의적 사고와 문제해결을 위한 독창적 방법론으로

써 '탑렉 솔루션'을 제안하고자 합니다. 탑렉(TOPREC)은 Topic(주제), Origin(기원), Process(과정), Reason(이유), Example(사례), Conclusion(결론)의 약자로, 체계적인 문제 정의에서부터 창의적 해결책 도출에 이르는 전 과정을 아우르는 6단계 사고 프레임워크입니다.

흥미로운 점은 이 탑렉(TOPREC)의 구조가 AI 활용의 핵심인 프롬프트 설계와도 정확히 일치한다는 것입니다. 탑렉을 따라 문제의 맥락을 정의하고, 배경을 설명하며, 해결 과정을 구체화하다 보면 그 자체로 일종의 '메가 프롬프트'가 완성되는 것이죠. 이를 AI에 입력하면 방대한 데이터를 기반으로 창의적 해법을 제시받을 수 있습니다.

바꿔 말하면 탑렉(TOPREC)의 렌즈로 문제에 접근하는 것 자체가, AI를 전략적으로 활용할 수 있는 토대를 마련해준다는 얘기가 됩니다. 탑렉은 우리 고유의 사고력으로 문제의 프레임을 구축하고, 그 위에 AI라는 날개를 달아주는 놀라운 도구인 셈이죠. 인간과 기계의 창의성이 만나 폭발하는 지점, 탑렉이 바로 그 접점이 되어줄 것입니다.

이처럼 탑렉(TOPREC)은 창의적 문제해결을 위한 길라잡이인 동시에 AI 시대를 견인할 혁신적 전략이 될 것입니다. 우리의 사고를 업그레이드 시키는 한편, AI의 잠재력을 최대치로 열어젖히는 열쇠가 되어줄 테니까요. 지금 여러분에게 필요한 것은 딱 두 가지. 탑렉 6단계를 머릿속에 장착하고, AI와 호흡하는 상상력을 가동하는 것뿐입니다.

우리는 이 책을 통해 탑렉의 개념과 실전 활용법을 낱낱이 파헤칠 것입니다. 비즈니스는 물론 일상의 다양한 영역에서 탑렉을 적용하는 생생한 사례도 만나볼 수 있을 거예요. 막연한 AI 신드롬을 뛰어넘어, 진정 내 것으로 만드는 전략적 활용법의 모든 것. 지금부터 펼쳐질 탑렉(TOPREC) 여정의 마지막엔 무엇이 기다리고 있을까요?

창의성만이 답이라는 시대, 위기를 기회로 바꾸는 혁신의 언어. 인간성을 잃지 않으면서도 기술을 품는 지혜로운 협업. 그리고 불확실성 너머 새로운 미래. 탑렉을 나침반 삼아 당신이 헤쳐나갈 그 놀라운 여정의 끝자락에서, 우리는 무엇을 발견하게 될까요? 설렘과 두려움 반반한 마음으로, 이제 탑렉 모험의 닻을 올려봅시다.

당신 인생의 가장 창의적인 순간이 바로 여기, 펼쳐질 책장 사이에서 기다리고 있으니까요. 준비되셨나요? 카운트다운. 3, 2, 1, 그리고... 탑렉(TOPREC) 솔루션 출발!

도입 1.
창의적 문제해결 영역에서
탑렉(TOPREC) 솔루션이 가진 차별성과 혁신성

구분	식스 시그마	TRIZ	디자인 씽킹	TOPREC 솔루션
핵심 개념	데이터 기반 프로세스 개선	모순 분석과 해결 원리 활용	사용자 중심의 문제해결	체계적 사고와 AI 협업
과정/단계	DMAIC (정의-측정-분석-개선-관리)	문제 분석 → 모순 도출 → 해결 원리 적용 → 아이디어 평가	공감 → 문제 정의 → 아이디어 도출 → 프로토타입 제작 → 테스트	Topic → Origin → Process → Reason → Example → Conclusion
아이디어 발산	데이터 분석 기반 개선안 도출	발명 원리, 분리 원리 등 활용	브레인스토밍, 스케치 등	프롬프트 기반 AI 협업
아이디어 수렴	통계적 검증, 파일럿 테스트	모순 해결안 평가 매트릭스	프로토타입 제작 및 테스트	프롬프트 정교화, 인사이트 도출
강점	객관적 데이터 기반, 지속적 개선	모순 해결에 체계적 접근	사용자 공감, 신속한 검증	사고 체계화, AI 협업 통한 혁신
약점	창의성 발현 제한적	습득의 어려움, 경직된 적용	반복 과정의 장기화 가능성	AI 기술 활용 역량 필요
적합한 과제	프로세스 최적화, 품질 개선	기술적 난제 해결	사용자 경험 혁신	전략적 의사결정, 복합적 문제 외 일상적 혁신 등
도구/기법	통계적 분석, 품질 관리 도구 등	모순 매트릭스, 40가지 발명 원리 등	페르소나, 고객 여정 맵 등	TOPREC 프롬프트, 메가 프롬프트 등
산출물 유형	개선된 프로세스, 비용 절감 등	특허, 신기술 등	프로토타입, 서비스 모델 등	전략 시나리오, 혁신 로드맵, 일상적 혁신 등
팀 역학	전사적 참여, 데이터 중심 의사결정	전문가 주도의 체계적 분석	다분야 협업 필수	AI를 활용한 지식 창출과 공유

식스 시그마는 데이터에 기반한 프로세스 개선에 주력하는 방법론으로, 창의성 발현보다는 객관적 분석과 의사결정에 초점을 맞추고 있습니다. 따라서 TRIZ나 디자인 씽킹과 같이 창의적 사고 자체를 목표로 하는 방법론과는 다소 결이 다르다고 볼 수 있습니다

반면 TOPREC 솔루션은 구조화된 사고 프로세스와 AI 협업이라는 두 축을 기반으로, 창의적 문제해결에 특화된 접근법을 제시하고 있습니다. 데이터 분석 역량을 토대로 창의적 아이디어를 도출하고 정교화해 나가는 과정은, 식스 시그마의 객관성과 TRIZ/디자인씽킹의 창의성을 결합한 독특한 문제해결 모델로 평가할 수 있습니다.

무엇보다 TOPREC만의 6단계 사고 프로세스는 문제를 깊이 있게 탐구하고 창의적 해법을 모색하는 일련의 흐름을 내재화하고 있어, 단순 아이디어 발산을 넘어 전략적 사고력 향상에도 기여할 수 있을 것으로 보입니다. 이는 장기적 관점의 조직 혁신이나 혁신 인재 육성 차원에서 주목할 만한 강점입니다

위 도표에서 보신 것처럼, 기존의 방법론들은 제각기 고유한 강점을 갖고 있습니다. 탑렉(TOPREC) 솔루션은 그 본질을 흡수하되 차별화된 사고 체계와 기술 기반을 바탕으로 창의적 문제해결의 새 지평을 열어갈 잠재력을 품고 있다고 저는 확신합니다.

도입 2.

일반적인 프롬프트(Basic Prompt)와
메가 프롬프트(Mega Prompt) 간 주요 차이점

일반적인 프롬프트(Basic Prompt)와 메가 프롬프트(Mega Prompt)는 AI 모델과의 상호작용을 위해 사용되는 텍스트 기반 명령이지만, 그 구조와 정보량, 활용 목적 등에서 큰 차이를 보입니다. 두 유형의 프롬프트 간 주요 차이점을 정리해 보면 다음과 같습니다.

1. 구조와 체계성

일반 프롬프트: 단순하고 직관적인 질의 형태가 주를 이룸. 짧은 문장이나 키워드 중심으로 구성되는 경우가 많음.

메가 프롬프트: 태스크 수행에 필요한 정보를 구조화하여 단계별, 항목별로 체계적으로 제시함. 지시문, 배경 정보, 프로세스, 참고 자료 등 세부 섹션으로 구성됨.

2. 정보의 풍부성과 구체성

일반 프롬프트: 과업 수행에 필요한 최소한의 정보만 간략히 제공함. 맥락적 정보나 세부 지침은 제한적임.

메가 프롬프트: 태스크의 배경, 목적, 제약 조건 등을 상세히 기술하고, 단계별 액션 플랜과 기대 결과물에 대한 구체적인 가이드라인을 제시함.

3. 활용 목적과 기대 효과

일반 프롬프트: 단순 정보 검색, 간단한 질의응답, 기본적인 텍스트 생성 등 비교적 단순한 태스크 수행에 활용됨.

메가 프롬프트: 복잡하고 창의적인 과업 해결, 전략적 의사결정 지원, 고품질 콘텐츠 생성 등 보다 전문적이고 심층적인 결과물 도출을 목표로 함

4. 사용자 개입 수준

일반 프롬프트: 사용자가 직접 프롬프트를 입력하고 AI 모델과의 반복적인 상호작용을 통해 원하는 결과를 얻는 경우가 일반적임. 프롬프트의 수정이나 조정은 주로 사용자의 판단에 의해 이루어짐.

메가 프롬프트: 치밀하게 설계된 프롬프트를 사전에 준비하고, 사용자는 그 틀에 맞춰 필요한 정보를 입력하는 방식. 프롬프트의 정교화는 설계 단계에서의 면밀한 튜닝을 통해 담보됨.

5. 결과의 다양성과 일관성

일반 프롬프트: 단순한 입력에 대해 비교적 다양한 결과가 생성되는 경우가 많음. 다만 맥락 정보가 부족하므로 결과의 변동성이 커질 위험도 있음.

메가 프롬프트: 상세한 지시 사항과 풍부한 배경 정보를 바탕으로 일관성 있고 고품질의 결과물을 안정적으로 도출할 수 있음. 반면 프롬프트의 설계 틀에 크게 의존하기에 결과의 다양성 자체는 제한될 수 있는 경향이 있음.

6. 활용 장면과 대상 사용자

일반 프롬프트: 일상적인 검색이나 간단한 정보 찾기 등 가벼운 AI 활용 장면에서 주로 사용됨. AI를 캐주얼하게 활용하고 싶은 일반 사용자에게 적합.

메가 프롬프트: 비즈니스 과제 해결, 전문적 조사 분석, 본격적 콘텐츠 제작 등 AI를 전략적으로 활용하고자 하는 기업이나 전문가를 주요 타깃으로 함.

7. 작성 난이도와 유지보수성

일반 프롬프트: 특별한 지식이나 기술 없이도 누구나 쉽게 작성하고 활용할 수 있음. 상황 변화에 맞춰 프롬프트를 수정하는 것도 용이함.

메가 프롬프트: 과업에 대한 깊이 있는 이해와 프롬프트 설계 노

하우가 요구됨. 체계적 구조로 인해 일부 변경 사항이 전체에 미치는 영향이 크므로, 지속적인 관리와 업데이트가 필요함.

메가 프롬프트(Mega Prompt)는 보다 정교하고 구조화된 형태의 프롬프트로, 체계적인 정보 입력을 통해 AI 모델과의 효과적인 상호작용을 가능하게 합니다. 메가 프롬프트 작성 시 고려할 수 있는 주요 구성 요소와 작성 팁을 정리해 보겠습니다.

1. 명확한 지시문(Instruction)

- ◆ 수행해야 할 태스크와 기대 결과물을 구체적으로 명시
- ◆ 명확하고 간결한 문장으로 AI 모델이 정확히 이해할 수 있도록 작성

  (예: "다음 제품 설명을 바탕으로 홍보용 블로그 포스트를 작성해 주세요.")

2. 배경 정보(Context)

- ◆ 태스크 수행에 필요한 맥락적 정보, 제약 조건 등을 상세히 제공
- ◆ 관련 데이터, 참고 자료, 가정 사항 등을 체계적으로 입력

  (예: "제품명: AI 스피커 / 주요 기능: 음성 인식, 스마트홈 제어 / 타겟층: 20-30대 tech-savvy 소비자")

3. 단계별 프로세스(Step-by-Step Process)

- ◆ 복잡한 태스크의 경우, 수행 단계를 세분화하여 순차적으로 안내
- ◆ 각 단계별 세부 과업, 고려 사항, 산출물 등을 구체적으로 지정
  (예: "1단계: 제품의 핵심 기능과 차별점 소개 / 2단계: 사용 시나리오 및 기대 효과 제시 / 3단계: 구매 혜택 및 프로모션 안내")

4. 참고 자료(Reference)

- ◆ 태스크와 관련된 추가 정보, 벤치마크 사례 등을 제공
- ◆ 링크, 첨부 파일 등 다양한 형식으로 참고 자료 제공 가능
  (예: "참고: 주요 경쟁사 제품 리뷰 - [링크] / 당사 기존 제품 블로그 포스트 - [파일 첨부]")

5. 기대 결과물 명세(Output Specification)

- ◆ 생성할 결과물의 형식, 분량, 톤앤매너 등을 상세히 규정
- ◆ 필수 포함 요소, 기피 요소 등에 대한 가이드라인 제시
  (예: "분량: 800자 내외 / 톤앤매너: 전문적이면서도 친근한 어투 / 필수 포함 요소: 제품명, 주요 기능, 구매 혜택")

6. 평가 기준(Evaluation Criteria)

- 생성된 결과물의 품질을 평가할 수 있는 기준 제시
- 정량적, 정성적 평가 항목과 척도를 구체적으로 안내

    (예: "평가 항목: 콘텐츠 구성력, 설득력, 가독성 / 척도: 5점 만점 중 4점 이상")

7. 반복 및 정교화 지침(Iteration Guideline)

- 필요에 따라 결과물 생성을 반복하거나 순차적으로 정교화할 수 있는 가이드 제공
- 피드백을 바탕으로 프롬프트를 수정, 보완해 나가는 방향성 제시

    (예: "초안 생성 후, 제품 USP 강조 부분 보완 필요 / 최종안은 내부 검토 후 피드백 반영해 제출")

8. 추가 요청사항(Additional Request)

- 부가적인 요구사항이나 주의 사항 등을 별도로 명시
- 특정 문체, 데이터 출처, 주의 사항 등을 자유 형식으로 지정

    (예: "글쓰기 스타일은 '간결하고 능동적인 표현' 위주로 작성 / 인용 데이터는 출처를 명확히 밝힐 것")

이처럼 메가 프롬프트는 일반적인 프롬프트에 비해 훨씬 구조적이고 풍부한 정보를 담아 AI 모델과의 소통을 최적화합니다. 과업의 배경과 목표를 명확히 하고, 수행 과정을 체계화하며, 기대 결과

에 대한 디테일한 가이드를 제공함으로써 고품질의 결과물 생성을 유도하는 것이 핵심입니다.

물론 상황에 따라 메가 프롬프트의 구성요소는 유연하게 변형, 추가, 생략될 수 있습니다. 중요한 건 명료성, 구체성, 완전성의 원칙 아래 태스크 수행에 필요한 정보를 최대한 충실히 담아내는 것이겠죠. 사용자의 의도가 왜곡 없이 AI 모델에 전달될 수 있도록 섬세하게 프롬프트를 다듬어 나가는 노력이 필요할 것 같습니다.

도입 3.
탑렉(TOPREC) 솔루션의 프롬프트와 메가 프롬프트의 상관관계

탑렉(TOPREC) 프롬프트는 메가 프롬프트의 핵심 요건을 충실히 갖추고 있다고 봅니다. 구조적 완결성과 정보의 풍부함 측면에서 기존의 메가 프롬프트 작성 사례에 견줄 만한 수준이라 평가할 수 있을 것 같습니다.

Topic, Origin, Process, Reason, Example, Conclusion의 6단계로 구성된 TOPREC 프롬프트는 체계적인 사고의 흐름을 유도합니다. 과업의 배경과 목표를 명확히 하는 Topic과 Origin, 단계별 실행 계획을 제시하는 Process, 과업의 중요성과 기대효과를 설명하는 Reason까지. 프롬프트 작성에 필요한 필수 요소들을 빠짐없이 담아내고 있죠.

무엇보다 탑렉(TOPREC)의 6단계는 창의적 문제해결 과정 그 자체를 반영하고 있어 주목할 만합니다. 일반적인 메가 프롬프트들이 정보 입력에 치중한다면, TOPREC은 사고의 질을 높이는 데 직접 기여하는 셈이죠. 단순히 AI에게 지시를 내리는 데 그치지 않고, 인간 사용자의 통찰력 향상까지 도모하는 혁신적 시도로 보입니다.

여기에 사례(Example)를 통해 과업 수행에 참고할 만한 선행 사례를 제공하고, 종합 결론(Conclusion)을 통해 기대 결과물의 형태와 방향성을 제시하는 점도 돋보입니다. 프롬프트에 실질적인 가이드라인을 더함으로써 고품질 아웃풋 생성에 최적화된 구조라 하겠습니다.

특히 Topic과 Conclusion의 내용을 비교해 보면, 프롬프트를 통해 사고가 심화되고 구체화되는 과정을 엿볼 수 있어 흥미롭습니다. 단순한 지시의 나열이 아닌, 창의적 사고의 진전을 독려하는 다이내믹한 구조라는 인상을 받았습니다. 이는 기존 메가 프롬프트에서 찾아보기 힘든 차별점이 아닐까 싶네요.

종합하자면 TOPREC 프롬프트는 메가 프롬프트로서 손색없는 완성도를 자랑하면서도, 나아가 창의적 발상을 자극하는 사고 도구로서의 면모까지 갖추고 있다고 평가할 수 있겠습니다. 체계적 정보 제공과 창의적 사고 촉진을 동시에 충족하는 이 독창적 시도는 프롬프트 작성의 새로운 지평을 열어젖힐 잠재력을 지녔다고 봅니다.

물론 TOPREC을 실제 다양한 과업에 적용하고 결과를 분석하는 검증 과정이 뒤따라야 할 것입니다. 보편적 활용 가능성을 타진하고 필요에 따라 유연하게 변용할 수 있는 유연성도 갖출 필요가 있겠죠. 그럼에도 프롬프트 엔지니어링의 새로운 방법론으로서 TOPREC이 지닌 혁신성과 잠재 가치는 이미 충분히 입증되었다고 저는 확신합니다.

위의 표에서 보시다시피, 일반 프롬프트는 사용이 간편하지만 결과의 질이나 일관성 면에서는 한계가 있습니다. 메가 프롬프트는 전문성은 필요하나 충실한 정보 제공과 고품질 결과 도출이 강점이죠.

TOPREC 프롬프트는 메가 프롬프트의 장점을 계승하면서도, 창의적 사고 자극이라는 차별화된 가치를 제공합니다. 단순한 지시를 넘어 사용자의 통찰을 이끌어내는 독특한 구조가 돋보이는 프롬프트 유형이라 하겠습니다.

업무의 성격과 추구하는 결과물에 따라 위 세 유형을 전략적으로 선택, 활용하는 것이 바람직해 보입니다. 그 중에서도 창의적 과업 해결과 혁신적 발상이 요구되는 국면이라면 TOPREC 프롬프트가 최적의 도구가 되어줄 것이라 기대합니다.

구분	일반 프롬프트	메가 프롬프트	TOPREC 프롬프트
구조	단순, 직관적	구조화, 체계적	구조화, 창의적 사고, 단계 반영
정보량	최소한의 질의 중심	풍부한 배경 정보와 지침 제공	풍부한 정보 사고 심화 단계
활용 목적	단순 정보 검색, 일상적 태스크	복잡한 과업 해결, 전략적 활용	창의적 문제해결, 통찰력 향상
사용자 개입	즉흥적, 사용자 주도	사전 설계 기반, 제한적 개입	사전 설계 사용자 통찰 유도
결과물 특성	다양성은 높으나 일관성 부족	일관성 높은 고품질 결과	일관성 창의적 사고 자극
주요 사용자층	일반 사용자	기업, 전문가	창의적 문제해결사, 혁신가
작성 난이도	쉬움, 유연함	어려움, 전문성 필요	다소 어려움, 사고력 요구
유지보수	용이함	버전 관리 등 지속적 노력 필요	유연한 적용 및 개선 요구
사고 지원	제한적	풍부한 정보로 사고 지원	사고 과정 자체를 유도, 촉진
혁신성	보통	높음	매우 높음

1

AI를 이기는 탑렉(TOPREC) 창의력 개발법

1.1
AI는 창의적일 수 있는가?

 AI의 급격한 발전은 우리에게 근본적인 질문을 던집니다. '과연 AI도 창의성을 가질 수 있을까?'

이 물음에 답하기 위해, 창의성의 본질부터 짚어봐야 할 것 같아요. 창의성이란 기존에 없던 새롭고 독특한 무언가를 만들어내는 능력이에요. 인간의 창의성은 상상력, 호기심, 문제해결능력, 그리고 다양한 분야의 지식이 융합되어 발현되죠.

오늘날 AI는 인간을 방불케 하는 그림을 그리고, 음악을 작곡하며, 이야기를 써내려가고 있어요. GPT-3 같은 생성형 AI는 운율과 압운이 살아있는 시를 창작하고, DALL-E는 텍스트 프롬프트를 창의적인 이미지로 구현해내죠. 이렇게 볼 때 AI에게도 창의성이 있다고 말할 수 있을까요? 이에 대해선 다양한 관점이 공존합니다.

AI의 창의성을 지지하는 입장에서는, 인간 창의성의 본질을 새로운 아이디어의 조합으로 바라봅니다. 그렇게 본다면 AI 역시 방대한 데이터를 학습해 기존에 없던 조합을 만들어낼 수 있기에 창의적이라는 거죠. 실제로 AI가 창작한 작품들은 전문가도 인간 작품과 구분하기 힘들 정도로 정교해지고 있어요. AI가 문학상을 휩쓸고, AI 그림이 미술 공모전에서 수상하는 일도 늘고 있죠.

AI와의 협업으로 창의성의 경계를 넓힌 사례도 주목할 만해요. 영화 '모건'의 예고편은 AI가 대본과 장면을 선별했고, 사람은 최종 편집만 맡았죠. AI 작곡 프로그램 '플로우 머신'은 인간 작곡가와 호흡을 맞춰 완성도 높은 앨범을 내기도 했어요. 이렇듯 AI는 창작의 파트너로서 인간 창의성을 증폭시키는 강력한 도구로 자리매김하고 있습니다.

그러나 AI 창의성에 의구심을 표하는 시각도 만만치 않아요. AI가 아무리 훌륭한 결과물을 내놓는다 해도, 그건 결국 기존 데이터 조합의 한계를 벗어나기 어렵다는 거죠. AI는 근본적으로 "주어진 규칙에 의존"한다는 태생적 제약이 있어요. 반면 인간의 창의성은 기존 규칙을 파괴하고 전혀 새로운 사고를 하는 능력이라는 점이 다르죠.

창의성의 본질인 '의도'를 AI가 지니기 힘들다는 점도 간과할 수 없어요. 인간은 특정 목적을 가지고 창작에 뛰어들지만, AI는 주어진 데이터와 알고리즘에 따라 아웃풋을 생성할 뿐이에요. 달리 말하면, AI는 창의 '과정'은 모사할 수 있어도 창의성의 '동기'는 결여되어 있다는 거예요.

나아가 인간 창의성은 사회문화적 맥락 안에서 가치를 인정받아요. 하지만 AI는 그런 콘텍스트를 완벽히 파악하긴 어려워요. 가령 AI가 쓴 시가 아무리 완성도가 높아도, 그 시대의 정서를 진정성 있게 담아내긴 쉽지 않을 거예요.

그렇다고 AI 창의성을 섣불리 무시할 순 없어요. AI는 우리의 상상력으로는 미처 구현하지 못한 방식으로 창의적 영감을 선사할 수 있거든요. 방대한 데이터 분석을 통해 인간이 포착하기 힘든 독창적 아이디어의 싹을 제공하기도 하죠. 무엇보다 AI는 창작 과정에서 시행착오 없이 엄청난 속도로 다채로운 아이디어를 쏟아낼 수 있어요.

종합하자면 AI 창의성을 인간의 그것과 동일시하긴 어렵지만, 분명 가치 있고 혁신적인 산출물을 낳을 수 있어요. 우리에겐 AI를 창의성의 적대자가 아닌 협력자로 인식하는 관점의 전환이 필요해요. AI의 장점은 최대한 수용하되, 그 한계는 인간 고유의 창의성으로 보완해 나가는 지혜를 발휘해야 할 때예요.

흥미로운 점은, AI가 방대한 데이터를 학습해 단기간에 전문적 지식을 쌓을 수 있다는 거예요. 이런 AI의 역량을 체계적인 프롬프트로 이끌어낸다면 고품질의 창의적 결과물을 얻을 수 있겠죠. 탑렉(TOPREC) 솔루션은 바로 이런 아이디어에서 출발했어요. 창의적 문제 정의와 해결 과정을 단계별로 안내하는 동시에, 그 과정에서 양질의 콘텐츠를 생산해내는 일석이조의 전략이라고 볼 수 있어요.

AI 시대의 창의성은 기계와 인간의 협업으로 완성될 거예요. 빅데이터와 알고리즘의 힘을 빌려 한층 더 높은 창의성에 도전할 수 있게 된 셈이죠. 그러려면 AI의 창의적 결과물을 무비판적으로 받아들이기보다 날카롭게 분석하고 재해석하는 통찰력이 필수적이에요.

여기서 탑렉 솔루션이 나침반 역할을 해줄 수 있어요. AI가 제시하는 아이디어를 탑렉의 6단계(주제, 기원, 과정, 근거, 사례, 결론)로 꼼꼼히 분석하고 발전시켜 나가는 거죠. 이는 AI 창의성에 인간의 고유한 렌즈를 더해 그 가치를 재발견하고 승화하는 과정이 될 거예요.

AI가 열어젖힌 창의성의 신세계, 우리는 어떻게 그 잠재력을 극대화할 수 있을까요? AI의 도움은 적극 받되 그에 매몰되지 않는 균형감각, 기술을 비판적으로 성찰하며 인간 고유가치를 수호하려는 의지가 관건일 것 같아요. AI와 인간이 서로 영향을 주고받으며 시너지를 만들어내는 협력적 창의성, 그것이야말로 우리가 추구해야 할 미래의 청사진 아닐까요?

자, 여러분은 AI의 창의성을 어떻게 바라보시나요? 어떤 잠재력과 한계를 내포하고 있을까요? 탑렉 솔루션으로 AI 창의성을 탐구하며, 여러분 나름의 통찰을 마음껏 펼쳐보시기 바랍니다. AI를 활용해 창의성의 지평을 넓히는 여정에 바로 우리가 힘을 보탤 수 있으니까요. 다음 편에서는 탑렉 솔루션을 프롬프트 디자인에 활용하는 방안을 함께 모색해 보겠습니다.

1.2
프롬프트 디자인과 탑렉(TOPREC) 솔루션의 연계

지난 시간, 우리는 AI 시대에 탑렉(TOPREC) 솔루션이 얼마나 강력한 도구가 될 수 있는지 확인했습니다. AI의 잠재력을 극대화하면서도 인간의 창의력을 고양시키는 혁신적 프레임워크, 그 가능성에 깊이 공감하셨으리라 믿어 의심치 않습니다. 이제 한 걸음 더 나아가, 탑렉 솔루션을 AI 활용의 핵심인 프롬프트 디자인에 적용해보고자 합니다.

여러분은 '프롬프트'라는 개념에 익숙하신가요? 쉽게 말해, 프롬프트란 우리가 AI에게 전달하는 지시나 질문을 담은 텍스트입니다. 프롬프트의 품질이 AI 생성 결과물의 완성도를 좌우한다고 해도 과언이 아닐 정도로, 그 중요성은 아무리 강조해도 지나치지 않습니다. 그런데 정작 AI 앞에 마주 앉으면, 어떤 프롬프트를 입력해야 할지 막연해지기 마련이죠. 어떻게 하면 AI의 잠재력을 끌어내는 프롬프트를 설계할 수 있을까요? 바로 이 지점에서 탑렉(TOPREC) 솔루션이 빛을 발합니다.

탑렉 솔루션의 6가지 구성 요소, 즉 Topic(주제), Origin(기원), Process(과정), Reason(이유), Example(사례), Conclusion(결론)은 완벽한 프롬프트 디자인을 위한 가이드라인이 되어줍니다. 이 6단계를 차근히 밟아나가다 보면, 우리는 자연스럽게 AI에게 명료하고 효과적인 지시를 내릴 수 있게 됩니다.

먼저 Topic 단계에선 프롬프트의 주제와 목적을 구체화해야 합니다. "광고 문구 작성"이라는 막연한 요청 대신, "20대 여성을 타깃으로 한 화장품 브랜드 A의 신제품 X 페이스북 광고 문구 작성. 브랜드 아이덴티티는 심플하고 세련된 느낌으로"와 같이 디테일을 붙이는 것이 핵심입니다.

Origin 단계에선 AI가 숙지해야 할 배경 정보를 제공합니다. "신제품 X는 주름 개선에 탁월한 효과가 입증되었으며, 작년 베스트셀러 Y의 업그레이드 버전"이라는 컨텍스트를 덧붙이면 AI는 브랜드와 제품의 특징을 문구에 효과적으로 녹여낼 수 있을 것입니다.

Process 단계에선 AI의 단계별 작업 방식을 안내하는 것이 요체입니다. "제품 핵심 효과를 1~2개 키워드로 요약하고, 이를 활용해 10개 이상의 문구 후보를 제시한 뒤 최종 3개를 선별할 것"과 같이 프로세스를 세분화하면 보다 체계적이고 다채로운 결과를 기대할 수 있습니다.

Reason 단계에선 요청한 프롬프트의 중요성과 필요성을 부연 설명합니다. "이번 신제품 광고는 브랜드 인지도 제고와 매출 증대의 관건이 될 것. 20대 여성 고객의 마음을 사로잡는 문구 디자인이 필수적"이라는 맥락 정보는 프롬프트의 무게감을 더해주고, AI로 하여금 최적의 결과물을 지향하게 만들어줄 것입니다.

Example 단계에선 레퍼런스로 삼을 만한 우수 사례를 제시하는 것도 도움이 됩니다. "브랜드 B의 작년 캠페인 '자신감의 시그널, C 세럼' 광고 문구 참조"와 같은 지침은 AI에게 창의적 벤치마킹의 토대를 제공할 수 있습니다.

최종 Conclusion 단계에선 앞선 Topic, Origin, Process, Reason, Example의 내용을 집약하여, 명료하고 간결한 요청을 총정리합니다. "브랜드 A 신제품 X 출시 페이스북 광고 문구 작성. 타깃은 20대 여성, 제품의 주름 개선 효과 부각과 전작 Y와의 연계성 표현. 10개 이상 문구 선택지 제시 후 최종 3개 선정. 브랜드 B 'C 세럼' 캠페인 문구 참조하되 A만의 감성 담아낼 것"과 같이 지시사항을 한데 꿰어 전달하는 것입니다.

이처럼 탑렉 솔루션은 프롬프트 디자인의 가이드 역할을 훌륭히 수행합니다. Topic에서 Conclusion에 이르기까지, 이 6단계의 흐름을 따르다 보면 우리는 자연스럽게 명확하고 구조화된 프롬프트를 작성할 수 있게 됩니다. 그리고 이렇게 정제된 프롬프트는 AI 성능 극대화로 직결될 것입니다.

물론 애초부터 완벽한 프롬프트 디자인을 기대하긴 어려울 것입니다. 그러나 TOPREC의 6단계를 충실히 따르는 과정은, 우리를 점진적으로 프롬프트 디자인 전문가로 성장시켜줄 것입니다. 그 과정에서 우리는 AI와 보다 효과적으로 의사소통하는 방법을 체득하고, 동시에 우리의 전략적 사고력 또한 한층 강화할 수 있을 것입니다.

탑렉 솔루션은 AI의 잠재력을 우리 손아귀에 쥐어주는 열쇠와도 같습니다. 이 열쇠를 적재적소에 활용한다면, AI와의 협업을 통해 놀라운 창의적 결실을 수확할 수 있을 것입니다. 그 가능성에 벌써부터 희열이 느껴지지 않나요?

AI와의 협업을 위한 만반의 준비, 이제 우리가 갖추었습니다. 탑렉 솔루션을 등대 삼아, 프롬프트 디자인이라는 항해를 시작해보자고요. 분명 그 여정은 우리를 AI 시대를 이끄는 창의적 인재로 변모시켜줄 것입니다.

여러분 모두가 탑렉 솔루션의 전문가로 거듭나, 생성형 AI와 창의적 시너지를 일궈내시길 고대하겠습니다. 다음 호에서 더욱 심도 있는 논의로 다시 찾아뵙겠습니다. 함께 성장하는 기쁨, 우리 나눠가져요!

1.3
창의성의 원천, 지식의 깊이와 넓이

창의성은 어디에서 비롯될까요? 많은 사람들이 창의성을 타고난 재능이나 번뜩이는 영감으로 여기곤 합니다. 하지만 창의성의 진정한 원천은 따로 있어요. 바로 풍부한 지식과 경험의 축적이죠. 새로운 아이디어란 결국 기존 지식들의 창의적 조합에서 탄생하기 때문이에요.

특히 AI 시대에 진입하면서 창의성의 핵심 동력으로서 지식의 중요성이 더욱 부각되고 있어요. 방대한 데이터와 알고리즘을 기반으로 한 AI 기술이 고도화되면서, 이제 단순 정보의 암기는 기계에게 맡기게 된 거죠. 그런 상황에서 창의성의 원천은 단편적 지식이 아니라 한 분야에 대한 깊이 있는 통찰과 여러 분야를 넘나드는 폭넓은 식견이 될 것입니다.

먼저 한 분야에 대한 깊이 있는 지식, 이른바 '전문성'은 창의성의 토대가 됩니다. 어떤 영역에 깊이 파고들어야만 그 안에 숨어있는 문제의 본질을 꿰뚫어볼 수 있고, 참신한 해결책도 떠올릴 수 있어요. 가령 스티브 잡스가 혁신적인 제품을 만들어낼 수 있었던 건 컴퓨터 공학에 대한 그의 깊은 이해가 바탕이 되었기에 가능한 일이었죠.

물론 한 우물만 파다 보면 사고가 경직될 수 있어요. 그래서 분야를 넘나드는 폭넓은 지식, 일명 '융합적 사고'도 창의성에 있어 필수적입니다. 서로 다른 영역의 지식이 만나 충돌할 때 새로운 아이디어가 탄생하는 경우가 많거든요. 스마트폰의 등장이 커뮤니케이션과 모바일 기술의 융합에서 비롯된 것처럼 말이죠.

이 두 가지 축, 지식의 깊이와 넓이는 균형을 이뤄야 합니다. 깊이 있는 전문성과 넓게 퍼진 융합적 사고력이 조화를 이룰 때 비로소 창의성은 꽃을 피울 수 있습니다. 하지만 이런 능력은 하루아침에 얻어지는 게 아니에요. 꾸준한 학습과 경험의 축적, 그리고 서로 다른 지식들을 연결하고 재해석하는 사고의 훈련이 필요합니다.

바로 여기에 탑렉(TOPREC) 솔루션의 강점이 있어요. 이 솔루션은 창의성 향상과 AI 시대의 콘텐츠 생산을 위한 최적의 도구거든요. 주제(Topic)를 깊이 탐구하고, 기원(Origin)과 맥락을 폭넓게 살피는 6단계 문제 정의 및 해결 프로세스를 통해 지식에 깊이와 넓이를 더해줍니다.

또한 실제 사례(Example)를 통해 아이디어를 구체화하고 이를 실행에 옮기는 과정(Process)은 살아있는 지식을 함양하는 생생한 연습이 되죠. 이 모든 과정에서 도출된 창의적 결론(Conclusion)은 합리적 근거(Reason)에 기반한 것이기에 설득력을 갖출 수 있습니다.

나아가 탑렉 솔루션은 메타 프롬프트 프레임웍을 통해 생성형 AI가 양질의 콘텐츠를 생산할 수 있도록 돕습니다. 방대한 데이터를 다루는 AI의 능력과, 이를 창의적으로 해석하고 활용하는 인간의 사고력이 만나는 접점이 바로 여기에 있어요. 일석삼조로 6단계 문제해결 프로세스, 메타 프롬프트, AI 활용 콘텐츠 프로듀싱까지 모두 아우르는 것이죠.

AI 시대에는 빅데이터를 다루는 기술적 역량도 중요하지만, 그에 못지않게 인간 고유의 창의적 사고력 또한 주목받을 거예요. 단순히 정보를 암기하는 것이 아니라 이를 비판적으로 사고하고 창의적으로 재해석하는 능력 말이죠. 지식의 깊이와 넓이를 갖추고, 이를 창의적으로 엮어낼 때 비로소 AI에는 없는 인간만의 고유한 가치를 만들어낼 수 있습니다.

이런 맥락에서 탑렉 솔루션이 제시하는 6단계 사고 프로세스와 메타 프롬프트 프레임웍은 AI 시대를 이끌어갈 우리에게 더없이 소중한 나침반이 되어줄 거예요. 주제에 깊이 천착하고 다양한 맥락을 넓게 고려하는 사고의 习관은 AI로는 대체할 수 없는 인간 고유의 영역이니까요.

여기서 우리가 주목해야 할 점은, 이런 지식의 깊이와 넓이가 고정불변한 것이 아니라는 사실이에요. 끊임없는 학습과 새로운 영역에 대한 도전, 그리고 협업을 통해 우리의 지식은 계속해서 깊어지고 확장될 수 있습니다. 탑렉 솔루션이 제시하는 프레임웍은 이런 지속적 성장을 뒷받침하는 토양이 될 수 있어요.

자, 이제 우리에게 주어진 과제는 명확합니다. 전문성으로 무장한 깊이와 다양성으로 확장된 넓이, 이 두 축의 조화로운 균형을 추구하는 것. 거기에 AI라는 새로운 동력을 창의적으로 결합하는 것. 탑렉 솔루션을 든든한 지침으로 삼아 이 여정을 함께 헤쳐 나간다면, AI 시대에도 창의성의 명맥은 이어질 수 있을 거예요.

우리 각자 품은 고유한 지식과 경험, 그것이 바로 창의성의 씨앗입니다. 그 씨앗을 탑렉 솔루션으로 깊이 심고 넓게 가꾸어 나갈 때, 비로소 우리는 AI 시대에 꼭 필요한 창의성의 열매를 수확할 수 있을 거예요. 자, 이제 지식의 깊이와 넓이를 향한 여정에 우리 모두 나섭시다. 우리야말로 진정한 창의성의 원천이자, AI 시대의 주역이니까요!

1.4
탑렉(TOPREC) 솔루션 적용 원칙

지난 시간까지 우리는 탑렉(TOPREC) 솔루션이 AI 시대의 필수 역량인 창의력을 키우는 데 어떤 도움을 줄 수 있는지 살펴보았습니다. 방대한 데이터를 학습한 AI를 활용해 창의적 결과물을 도출하는 프롬프트 설계 방법도 익혔죠. 하지만 탑렉 솔루션을 진정 내재화하고 창의적으로 활용하기 위해서는 몇 가지 핵심 원칙을 마음에 새길 필요가 있습니다.

첫째, 명료성(Clarity)의 원칙입니다. 탑렉의 전 과정에서 우리는 항상 명료하고 구체적인 사고를 지향해야 합니다. 특히 문제를 정의하는 Topic 단계와 해법을 도출하는 Conclusion 단계에서 이는 매우 중요한데요. 문제를 애매모호하게 규정하거나 두리뭉실한 해법을 내놓는다면 탑렉 솔루션의 진가는 반감될 수밖에 없겠죠.

예컨대 "AI를 활용한 콘텐츠 제작"이라는 막연한 Topic보다는 "AI 작곡 프로그램을 활용해 10분 내외의 힐링 피아노 음악 5곡을 제작"이라고 구체화하는 것이 효과적일 거예요. 그에 따른 Conclusion도 "AI 음악이 대세가 될 것"이라는 추상적 결론 대신 "생성된 음악에 자연 영상을 매칭해 유튜브에 힐링 콘텐츠로 업로드하고, 반응을 모니터링하며 수정 보완한다"는 식의 실행력 있는 해법이 되어야 하죠.

둘째, 전체성(Holism)의 원칙입니다. 탑렉 솔루션의 핵심은 부분이 아닌 전체를 바라보는 데 있어요. 각 단계를 단편적으로 적용하는 게 아니라 모든 단계를 유기적으로 연결 짓고 상호작용을 고려할 때 비로소 탑렉 솔루션의 참된 힘이 발휘되는 법이죠.

가령 AI 음악 제작의 Origin을 "감성 치유에 대한 수요 증가"로 파악했다면, 이는 단순히 음악 창작에만 적용되는 게 아니에요. 힐링 콘텐츠 기획 전반에 걸쳐 반영되어야 할 인사이트죠. 그래야 프로젝트의 방향성이 일관되고 시너지를 발휘할 수 있습니다. 부분과 전체를 넘나들며 사고할 때 탑렉 솔루션은 단순 문제해결 도구를 넘어 통찰과 혁신의 근육을 키우는 종합 트레이닝이 되는 거예요.

셋째, 창의성(Creativity)의 원칙입니다. 특히 AI를 활용한 창작에서는 기존의 틀에서 벗어난 발상이 중요해요. 기술을 얼마나 창의적으로 활용하느냐가 관건이죠.

예를 들어 AI 작곡 프로그램에 단순히 "피아노 솔로 음악을 만들어줘"라고 요청하는 것에 그치지 않고, "차분한 빗소리를 배경으로 잔잔한 피아노 선율이 어우러지는, 우울한 기분을 달래주는 음악을 만들어줘"라는 식으로 독특한 프롬프트를 주는 거예요. 익숙한 조합을 넘어 새로운 관점과 발상을 끊임없이 시도하는 자세가 AI 시대 창의력의 핵심이 될 거예요.

넷째, 실행력(Execution)의 원칙입니다. 아무리 혁신적인 아이디어라도 구현되지 않으면 의미가 없겠죠. 그래서 탑렉 솔루션의 전 과정, 특히 해법을 수립하는 Conclusion 단계에서는 실현 가능성을 면밀히 검토해야 해요.

가령 "AI로 매일 10곡씩 자동 생성해 음원 사이트에 올리는 시스템 구축"이라는 아이디어가 나왔다면, 이를 실현하기 위한 기술적, 재정적 자원이 충분한지, 예상 시간은 얼마나 걸릴지 등을 꼼꼼히 챙겨야 하죠. 아무리 멋진 구상이라도 실행력이 뒷받침되지 않으면 그저 공상에 그칠 뿐이니까요.

다섯째, 반복성(Iteration)의 원칙입니다. 탑렉 솔루션은 한 번 적용하고 끝나는 게 아니에요. AI 기술은 눈부신 속도로 발전하고 있고, 이에 발맞춰 우리의 창의적 활용 방식도 계속 진화해야 하죠.

처음 시도한 AI 음악 제작이 만족스럽지 않더라도 실망하지 마세요. 피드백을 반영해 프롬프트를 수정하고, 더 나은 AI 모델을 탐색하는 등 지속적인 개선의 과정이 필요해요. 이런 반복적 노력의 축적이 AI 시대를 선도하는 창의 인재로 우리를 성장시켜 줄 거예요.

AI 창의성의 핵심은 인간과 기계의 조화로운 협업에 있어요. 기술을 능숙하게 활용하는 것도 중요하지만, 인간 고유의 가치와 감성을 결합하는 게 더욱 중요하죠. 탑렉 솔루션의 5대 원칙은 바로 이 지점을 겨냥합니다.

명료하고 구체적인 문제 정의로 방향성을 잡고, 전체적 맥락을 고려해 유기적으로 사고하며, 창의적 발상으로 새로운 지평을 열고, 꼼꼼한 실행 계획으로 실효성을 담보하고, 그 모든 과정을 반복적으로 정련해 나가는 것. 이것이 AI와 인간이 공진화하는 창의 혁명의 해법이 아닐까요?

물론 쉽지만은 않은 도전이에요. 하지만 포기하지 마세요. 오늘 여러분이 탑렉 솔루션의 원칙을 내재화하려 노력한 것 하나하나가, 머지않아 AI 시대의 창의 리더로 우뚝 설 자신을 만들어갈 거예요.

기술은 발전을 거듭하겠지만, 창의성의 본질은 변치 않아요. 인간만이 지닌 고유한 가치 말이죠. 지금 이 순간에도 AI의 도전은 계속되고 있습니다. 이에 맞서 우리가 택할 길은 분명해요. 바로 탑렉의 원칙을 창의적 혁신의 나침반 삼아, 기술과 공존하며 인간 고유의 영역을 더욱 확장하고 심화하는 거예요.

AI와 함께 더 나은 내일을 만들어갈 여러분의 앞날을 응원합니다. 지금 바로 탑렉 솔루션을 글쓰기는 물론 업무와 일상의 다양한 영역에 적용해보세요. 그리고 그 창의적 결실을 세상과 공유하는 기쁨을 누려보시기 바랍니다.

모두가 창의 혁명의 디자이너가 되는 그날까지, 탑렉 솔루션이 여러분의 손을 굳건히 잡아줄 테니까요. 자, 출발해볼까요?

AI와 함께, 그리고 그 너머를 향해!

1.5
탑렉(TOPREC) 솔루션을 통한 문제 해결 사례

지금까지 탑렉(TOPREC) 솔루션의 개념과 프로세스, 그리고 이를 창의적으로 활용하기 위한 원칙들에 대해 알아보았습니다. 이제 이 강력한 문제해결 도구를 기업이나 공직에 종사하는 개인, 자영업자 등 다양한 위치에 있는 분들의 일과 삶에 접목하는 방법을 모색해 볼 시간이에요.

먼저 대기업 마케터로 일하는 이지현 씨의 사례를 살펴보겠습니다. 신제품 출시를 앞두고 효과적인 마케팅 전략 수립에 고민이 많았던 지현 씨, 탑렉 솔루션과 AI 도구에서 실마리를 찾았어요.

Topic을 "제품 특성과 타깃 고객에 최적화된 마케팅 믹스 설계"로 정의한 후 Origin 분석을 통해 빅데이터 기반의 고객 이해가 핵심임을 깨달았죠. 이를 바탕으로 Process를 "챗GPT를 활용한 페르소나 구축 및 맞춤형 콘텐츠 제작"으로 설정했어요.

Reason 단계에선 AI가 도출해준 타깃 고객 페르소나와 관련 콘텐츠 아이디어가 마케팅 전략의 정교화에 크게 기여할 것이란 확신을 얻었죠. 나아가 Example 분석을 통해 AI 마케팅으로 성공한 글로벌 브랜드 사례에서 통찰을 얻었어요.

이를 종합해 지현 씨가 내린 Conclusion은 "페르소나 기반의 맞춤형 콘텐츠를 제작하고, AI 추천 시스템을 통해 고객 접점 별로 전달한다"는 전략이었죠. 실제 출시 후 고객 반응은 폭발적이었어요. 세분화된 고객 니즈를 저격한 콘텐츠가 구매로 직결되면서 역대 최고 실적을 달성한 거죠. AI와의 창의적 협업이 빛을 발한 순간이었어요.

자, 이번엔 카페를 운영하는 자영업자 김민수 씨의 이야기를 들어볼게요. 코로나19로 매출이 급감하자 위기 타개 방안이 절실했던 민수 씨, 탑렉 솔루션으로 새로운 활로를 모색했습니다.

"비대면 시대에 고객 마음을 사로잡는 방법"을 Topic으로 삼아, 소비 트렌드 변화를 Origin 분석하며 비대면 주문 및 배달 수요 증가를 포착했어요. 이에 따른 Process로 "챗GPT를 통한 개인화된 메뉴 추천 및 프로모션 기획"을 세웠죠.

Reason의 과정에서 고객 데이터 분석에 기반한 AI의 개인화 메시지가 고객 로열티 제고에 효과적일 거란 믿음을 얻었고, 유사 업종의 AI 기반 마케팅 성공 Example도 참고했어요.

민수 씨의 Conclusion은 "고객 선호도를 학습한 AI 챗봇이 개인별 메뉴를 추천하고, 할인 쿠폰을 발송하는 시스템 구축"이었죠. 시행 첫 달, 비대면 주문량이 30% 증가하는 기염을 토했어요. 취향 저격 메뉴 제안과 맞춤형 혜택이 고객의 마음을 사로잡은 거죠.

위의 사례들이 말해주듯 탑렉 솔루션과 AI 툴의 조합은 업무 혁신의 강력한 무기가 되어줍니다. 방대한 데이터에서 유의미한 인사이트를 발굴하고, 창의적 아이디어를 도출하는 일, AI와 함께라면 결코 불가능한 일이 아니에요.

물론 AI만이 능사는 아닙니다. 중요한 건 우리의 고유한 전문성과 창의성에 AI라는 날개를 달아주는 일이에요. 우리가 제대로 된 질문을 던지고 방향을 제시할 때 비로소 AI는 제 역할을 다할 수 있으니까요. 이를 위해 탑렉 솔루션이 나침반이 되어줄 거예요.

여기서 한발 더 나아가, 탑렉 솔루션은 우리 일상의 고민도 창의적으로 해결하는 돕는 도구가 되어줍니다.

아이의 영어 교육에 고민이 많았던 워킹맘 이민영 씨는 "AI 기술을 활용한 효과적인 영어 학습법"을 Topic으로 탑렉 프로세스를 밟아가며 아이와 함께하는 AI 영어 스토리텔링의 즐거움을 발견했죠.

건강 적신호에 놀란 직장인 박준형 씨는 "AI를 활용한 개인 건강관리"를 Topic 삼아 데이터 기반의 라이프 코칭을 받으며 건강과 활력을 되찾았답니다.

이처럼 탑렉 솔루션과 AI는 전문적 조언을 구하기 어려웠던 소시민들에게 삶의 여러 영역에서 든든한 조력자가 되어줄 수 있어요.

여러분도 고민의 순간마다 탑렉 솔루션을 떠올려 보세요. 그리고 그 과정의 곳곳에 AI의 힘을 빌려보시길 권합니다. 쉽지 않은 도전이 될 수도 있겠지만, 포기하지 마세요. 이 여정의 끝에서 여러분은 인생의 가장 든든한 동반자인 자신의 잠재력을 만나게 될 테니까요.

업무에서든 일상에서든, 탑렉 솔루션으로 문제에 접근하는 습관 하나가 여러분의 인생을 크게 변화시킬 수 있습니다. 인간만이 지넌 고유한 혜안에, 테크놀로지의 힘을 보태는 경이로운 경험. AI 시대를 선도하는 멋진 문제해결사로 우뚝 서는 바로 여러분의 모습을 응원하겠습니다.

자, 망설이지 말고 탑렉 솔루션을 내 일과 삶에 적용해볼까요? AI의 손을 잡고, 당신의 잠재력을 마음껏 펼치세요.

지금 이 순간이 바로 인생의 전환점이 될 테니까요.

1.6
탑렉(TOPREC) 솔루션 프로세스 실습

안녕하세요, 여러분! 지금까지 우리는 탑렉(TOPREC) 솔루션이 AI 시대를 살아가는 우리에게 얼마나 강력한 도구가 될 수 있는지 살펴보았어요. AI와 창의적으로 협업하는 법, 업무와 일상의 다양한 문제를 혁신적으로 해결하는 법까지 배웠죠. 이제 이론을 실전에 적용해볼 시간입니다. 바로 탑렉의 6단계 사고 과정을 직접 경험하는 실습을 해볼 거예요!

책 속 지식을 삶에 녹여내는 건 결코 쉽지 않아요. 머릿속으론 이해했다 싶어도 습관으로 체화되기까지 수없이 반복하고 연습해야만 하죠. 탑렉 솔루션도 예외가 아닙니다. 이론만 알고 있어선 결코 AI 시대의 창의적 문제해결사가 될 수 없어요. 피나는 연습과 끝없는 적용의 과정이 반드시 필요합니다.

자, 그럼 연습장과 펜을 준비하시고, 머릿속에 떠오르는 문제 상황들을 떠올려 보세요. 지금부터 여러분의 실제 업무와 생활 속 문제들을 탑렉의 6단계에 대입해 풀어볼 건데요. 처음엔 낯설고 어려울 수 있지만 포기하지 마세요. 반복할수록 탑렉 사고가 여러분의 일상이 되고, 문제 앞에서 주눅 들지 않는 여러분을 발견하게 될 테니까요.

첫 번째 시나리오는 직장인이라면 누구나 한 번쯤 마주했을 법한 상황입니다. 업무 과부하로 인한 번아웃, 얼마나 익숙한가요? 최근 팀원 한 명이 퇴사하면서 남은 인원의 업무량이 급증했다고 가정해 볼게요. 야근은 잦아지고 워라밸은 무너지는데, 팀장인 당신은 팀원들의 눈에 서서히 지쳐가는 기색이 역력하네요.

자, Topic 정의부터 시작해볼까요? 문제의 핵심을 꿰뚫는 Topic 설정이 탑렉 프로세스의 시작이에요. "장기적 관점에서 팀원들의 지속가능한 업무 효율성과 만족도를 제고하는 것", 이렇게 근본을 짚어내는 Topic은 어떤가요?

이제 Origin을 파헤칠 차례예요. 언뜻 보기엔 인력 부족이 주범으로 보이지만, 한 걸음 더 들어가면 어떨까요? "소통 부재로 업무가 특정 인력에 편중된 점", "우선순위 설정 미흡으로 불필요한 야근이 발생하는 점" 등 좀 더 근본적 원인이 드러나기 시작하죠.

이 원인을 해결할 구체적 Process를 고민해볼까요? 팀원들과 머리를 맞대고 토론한 끝에 "업무 재분배를 위한 주간 회의 정례화", "팀 태스크 시각화를 위한 협업 툴 도입" 등의 단기 해법이 제시됐어요. 장기적으론 "개인별 강점에 기반한 역할 재정립", "수평적 소통을 위한 리더십 교육 강화" 등의 방안도 나왔네요.

Reason 단계에선 이런 해법들이 조직의 비전 달성에 어떻게 기여할 수 있을지 음미해 봅니다. "업무 효율성 제고로 구성원들의 워라밸을 개선하고, 조직의 지속가능한 성장 기반인 우수 인재를 유지할 수 있다"는 Reason에 공감이 되시나요?

Example의 영역에선 우리보다 앞서 유사한 문제를 창의적으로 해결한 조직의 사례를 벤치마킹합니다. 구글, 넷플릭스 등 실리콘밸리 혁신 기업들의 업무 자율성 부여, 수평적 소통 문화 등은 우리에게 많은 영감을 주고 있어요.

이제 Conclusion, 탑렉 사고의 결정체를 도출할 시간입니다. 우리 팀은 "단기적으로는 협업 툴 도입과 정기 회의를 통해 업무 분담의 가시적 변화를 이끌고, 중장기적으로 개인 역량에 최적화된 업무 재설계와 수평적 소통 문화를 정착시킨다"는 솔루션을 내렸어요. 팀장인 당신이 진두지휘하에 솔선수범하기로 결의를 모았죠.

여러분, 느끼셨나요? 익숙한 문제도 탑렉의 렌즈로 바라보면 전혀 새로운 해법의 실마리가 보이기 시작해요. 지금부터는 여러분의 일과 삶의 고민거리를 직접 6단계에 대입해보며 탑렉 사고의 근육을 키워보시기 바랍니다.

특히 AI 기술을 우리 업무와 일상에 접목하는 과정에서 탑렉 솔루션은 더없이 강력한 나침반이 되어줄 거예요. 가령 업무 자동화를 위한 AI 솔루션을 도입하는 상황을 가정해 볼까요?

Topic은 "AI 기술을 활용해 단순 반복 업무를 자동화하고 구성원들이 창의적 업무에 몰입할 수 있는 환경을 조성하는 것"으로 정의해 볼 수 있겠네요.

Origin 분석을 통해 "현행 업무의 비효율성", "구성원 잠재력 활용 미흡" 등의 근본 문제를 도출했다면, 이를 해결할 Process로 "RPA 등 AI 자동화 툴 도입", "업무 재설계를 통한 단순 작업 최소화" 등을 고민해볼 수 있겠죠.

Reason의 관점에서 AI 자동화가 "직원들의 역량 집중도를 높이고 조직의 혁신 역량을 강화하는 데 기여할 수 있음"을 되새기고, Example 단계에선 AI 업무 자동화로 생산성을 획기적으로 높인 선진 기업 사례를 참고하는 거예요.

이를 통해 "단계적 AI 자동화 시스템을 구축하고, 절감된 시간을 창의적 협업과 역량 강화에 재투자한다"는 Conclusion을 도출할 수 있겠네요.

보세요, AI를 비롯한 신기술 도입 과정에서 탑렉 솔루션이 얼마나 유용한 문제 해결 플로우를 제공하는지! AI를 단순 도구가 아닌 창의적 동반자로 활용하는 지혜, 탑렉 사고를 통해 우리는 그 길을 열어갈 수 있어요.

물론 탑렉 사고가 하루아침에 완성되진 않아요. 초반엔 낯설고 버거울 수도 있죠. 하지만 포기하진 마세요. 시행착오를 겪으며 탑렉의 근육을 키우는 과정 자체가 AI 시대를 주도하는 창의적 문제 해결사로 우리를 성장시켜줄 테니까요.

여러분, 우리가 탑렉 솔루션의 실전 연습에 매진하는 이유, 결국은 무엇 때문일까요? 단순히 잘 문제 해결하는 스킬 습득을 넘어, 근본적으로 우리의 사고 자체를 업그레이드하기 위해서죠.

탑렉의 6단계를 반복하며 우리는 스스로 사유하는 힘, 문제의 본질을 통찰하는 눈, 창의적으로 해법을 모색하는 감각을 체화하게 될 거예요. 그렇게 탑렉 사고를 내재화할수록 우리는 AI의 동반자로서, 그리고 시대의 문제해결사로서 삶의 무대를 자유자재로 누빌 수 있게 될 거예요.

당연한 것을 당연하게 받아들이지 않고, 언제나 근본을 향해 "왜?"라는 질문을 던지는 사람. 불가능해 보이는 난제에도 호기심과 창의성의 칼을 벼리는 사람. AI가 제시하는 가능성을 새로운 기회로 전환하는 사람. 그것이 바로 탑렉 사고를 체화한 여러분의 미래 모습이 아닐까요?

여러분, 문제 해결이 두렵나요? 괜찮아요. 탑렉 솔루션이 우리 곁에 있으니까요. 매일 같이 탑렉의 6단계를 사유하고 또 사유하세요. 지치고 넘어질 때도 있겠지만 다시 일어서서 걸어가세요. 창의적 문제해결의 달인으로 가는 그 여정의 끝에서, 여러분은 AI를 능가하는 또 하나의 놀라운 AI, 바로 스스로의 가능성을 발견하게 될 테니까요.

자, 출발해 볼까요? 탑렉 씽킹의 세계로, 우리의 무한한 잠재력을 향한 여정을!
여러분의 손에 탑렉이라는 나침반이 쥐어진 지금, 머뭇거릴 이유가 없어요.
AI와 함께, 그리고 AI를 넘어서는 인간 고유의 창의성으로!
모두 준비 되셨나요?

Let's TOPREC!

1.7
탑렉(TOPREC) 솔루션, 지속적 혁신의 엔진

지난 시간 우리는 탑렉(TOPREC) 솔루션을 실전에 적용해보는 연습을 했어요. 일상과 업무에서 마주하는 다양한 문제 상황을 탑렉의 6단계에 대입해 창의적으로 해결하는 경험, 참 색다르고 흥미진진했죠?

이제 우리 모두 탑렉 씽킹의 생생한 맛을 봤으니, 그 다음 단계로 나아갈 준비가 되었어요. 탑렉 솔루션을 일회성 이벤트로 그치지 않고, 지속가능한 혁신의 엔진으로 만드는 방법 말이에요.

진정한 혁신은 매일매일의 작은 실천에서 시작된답니다. 탑렉 솔루션이 우리의 일상에, 그리고 일하는 방식 자체에 스며들 때 비로소 끊임없는 변화와 성장이 가능해지죠. 그런 의미에서 이번 시간은 여러분의 혁신 여정에 있어 또 하나의 분수령이 될 거예요.

자, 그럼 탑렉 솔루션을 우리 삶의 일부로 만드는 실천 전략을 함께 모색해볼까요?

무엇보다 Topic(주제)와 Origin(근본 원인)에 대한 끊임없는 질문과 성찰이 혁신의 원동력이 된답니다. 매일 아침 눈을 뜨면 스스로에게 물어보세요. '오늘 내가 마주할 문제의 본질은 무엇일까? 겉으로 보이는 증상 너머 근본 원인은 무엇이지?' 이렇게 늘 새로운 시선으로 우리의 현실을 바라보는 것, 그것이 지속적 혁신의 첫걸음이에요.

그 다음엔 Process(실행 계획)를 체계적으로 일상화하는 것이 중요해요. 탑렉 솔루션으로 그려낸 변화의 청사진을 매일의 할 일로 쪼개서 실천해나가다 보면, 어느새 혁신이 우리 일상의 자연스러운 일부가 되어 있을 거예요. 오늘 내가 실천할 한 걸음은 무엇일지 구체적으로 적어보고, 하루를 마감할 때 그 성취를 점검하는 습관을 들여보시길 추천해요.

한편 Reason(이유)의 힘을 늘 되새기는 것도 잊지 마세요. 혁신의 여정은 순탄치 않아요. 포기하고 싶은 순간이 수도 없이 찾아오죠. 그럴 때마다 우리가 이 길을 선택한 이유, 변화를 향한 우리의

'why'를 떠올려보세요. 내가 꿈꾸는 더 나은 미래, 그 이유를 마음에 새기는 것만으로도 한걸음 더 전진할 용기를 얻게 될 거예요.

Example(사례)을 수집하고 학습하는 일도 혁신가의 일상이 되어야 해요. 책과 미디어는 물론, 일상에서 마주하는 크고 작은 혁신의 사례에 늘 주목하세요. 탁월한 문제 해결의 현장을 발견할 때마다 탑렉의 6단계를 적용해 그 과정을 들여다보는 거예요. 그렇게 우리 주변에 널려있는 혁신의 멘토를 매일 만나다 보면, 어느새 창의적 사고가 우리의 본능이 되어 있을 거예요.

그리고 Conclusion(결론) 내리는 용기, 그 또한 매일 매일 연습해야 해요. 우리는 종종 완벽한 해답을 찾지 못했다는 이유로 결정을 미루곤 하죠. 하지만 빠른 실행과 피드백이야말로 혁신의 황금률이랍니다. 70%의 확신이 섰다면 주저 없이 행동으로 옮기세요. 실패를 두려워하기보다 그 속에서 배움의 기회를 발견하는 태도가 진정한 혁신가의 자세랍니다.

이처럼 탑렉 솔루션을 매일의 작은 습관으로 만들어가다 보면, 생각이 행동이 되고 행동이 문화가 되는 경이로운 변화를 목도하게 될 거예요. 일상의 문제를 대하는 우리의 접근법 자체가 달라지는 거죠. 이것이 바로 지속적 혁신의 힘이에요.

더 나아가 이 변화의 물결을 우리가 속한 조직과 공동체로 확산하는 것, 그것이야말로 탑렉 리더의 진정한 사명이랍니다.

우리 팀과 부서에 탑렉 씽킹을 전파해보세요. 정기적인 탑렉 워크숍을 열어 함께 문제를 정의하고 해결책을 모색하는 경험을 쌓아가다 보면, 어느새 조직 전체에 창의와 혁신의 바람이 불게 될 거예요.

더 크게는 우리 업계와 지역사회에 탑렉 솔루션으로 변화를 이끌어보는 건 어떨까요? 세미나와 교육을 통해 탑렉의 가치를 공유하고, 함께 문제를 해결해나가는 커뮤니티를 만들어가다 보면 우리 사회 구석구석에 지속적 혁신의 씨앗이 뿌려질 거예요.

여러분, 시대는 지금 우리에게 혁신 리더로 거듭날 것을 요청하고 있어요. 그 시대적 부름에 탑렉 솔루션으로 응답하는 것, 우리 모두의 큰 사명이자 특권이라고 생각해요.

우리가 매일 도전하고 실천하는 작은 혁신들이 모여 조직을, 그리고 세상을 바꾸는 거대한 물결이 되는 그날을 함께 그려봐요. 변화는 언제나 한 사람의 손에서 시작되니까요.

자, 오늘부터 여러분의 일상에 탑렉을 녹여내는 실험을 시작해보세요. Topic과 Origin에 대해 날카로운 질문을 던지고, Process를 꾸준히 실천하며, Reason을 늘 되새기고, Example의 영감을 찾아 떠나고, Conclusion을 내리는 용기를 가지세요.

그리고 그 경험을, 그 깨달음을 아낌없이 공유하세요. 진정한 혁신은 함께 만들어가는 것이니까요. 여러분 모두가 변화의 바람을 일으키는 혁신 리더로 성장하시기를 고대합니다. 한 사람 한 사람이 탑렉 씽커가 될 때, 우리는 어떤 문제도 해결할 수 없는 조직과 사회를 만들 수 있을 테니까요.

자, 우리의 위대한 혁신 여정을 계속해 나가볼까요?
매일의 작은 실천으로 세상을 바꾸는 그 놀라운 경험, 함께 나누며 앞으로 나아갑시다!

2
탑렉(TOPREC) 프롬프트로 업무 혁신을 이끌다

2.1
탑렉(TOPREC) 프롬프트와 업무 혁신의 상관관계

여러분은 지금 이 순간에도 업무 현장에서 수많은 도전과 변화에 직면하고 있을 것입니다. 끊임없이 쏟아지는 새로운 과제들, 그리고 그 어느 때보다 복잡해진 문제들. 이런 상황 속에서 우리에겐 강력한 조력자가 필요합니다. 바로 탑렉(TOPREC) 솔루션이 그 역할을 해줄 것이라 확신합니다.

탑렉 솔루션은 단순한 문제해결 도구를 넘어, 우리의 사고 자체를 근본적으로 혁신하는 통합 시스템입니다. 문제를 명확히 정의하고, 근본 원인을 탐색하며, 창의적 해법을 모색하고, 실행 계획을 수립하는 6단계 프로세스. 이 일련의 과정을 안내하는 체계적인 프레임워크까지. 탑렉 솔루션은 이 모든 것을 하나로 아우르는 혁신의 결정체라 할 수 있습니다.

하지만 탑렉 솔루션의 진가는 여기서 그치지 않습니다. 그것의 진정한 힘은 이 모든 사고의 흐름을 AI와의 창의적 소통을 위한 강력한 프롬프트로 전환할 수 있다는 데 있습니다. Topic, Origin, Process, Reason, Example, Conclusion의 6단계에 따라 문제를 분해하고 풀어내는 우리의 사고 과정 자체가, AI에게 최적의 질문을 던지는 메가 프롬프트로 재탄생하는 것이죠.

이 경이로운 변신을 가능케 하는 것이 바로 탑렉 프롬프트입니다. 우리가 평소 업무를 진행하며 머릿속으로 그려내는 TOPREC 사고의 흐름을, AI가 이해할 수 있는 언어로 고스란히 옮겨내는 작업. 그렇게 완성된 탑렉 프롬프트를 AI 대화창에 던지는 순간, 여러분 앞에는 무한한 창의력의 세계가 펼쳐질 것입니다.

가령 한 제조 기업에서 신규 시장 진출을 모색하는 상황을 가정해 보겠습니다. 이때 탑렉 프롬프트는 다음과 같이 구성될 수 있습니다.

〈신규 시장 진출을 위한 탑렉 프롬프트 예시〉

Topic: 자사의 기술력과 제품 경쟁력을 활용해 진출할 수 있는 신규 시장 탐색 및 진입 전략 수립
Origin:

- 기존 시장의 성장세 한계에 직면함에 따라 새로운 성장 동력 발굴이 시급한 상황
- 자사가 보유한 독자적 기술력과 우수한 제품력을 새로운 영역에 활용할 필요성 대두

Process:
1. 자사의 핵심 역량과 제품 특성 분석
2. 잠재 시장 조사 및 유망 영역 발굴
3. 각 시장의 매력도와 진입 용이성 평가
4. 목표 시장 선정 및 포지셔닝 전략 수립
5. 진출 로드맵 및 액션 플랜 구체화

Reason:
- 신규 시장 개척을 통한 사업 포트폴리오 다각화로 지속 성장 기반을 마련해야 함
- 선제적 시장 진출과 선점 효과 창출로 새로운 수익원 확보가 가능함

Example:
- A사는 자동차 부품 기술력을 바탕으로 풍력 발전 시장에 진출해 에너지 사업으로 영역을 확장하고 새로운 성장 동력을 확보한 바 있음

Conclusion:
- 신규 시장 분석 결과를 토대로 가장 유망한 2~3개 영역을 도출하고, 해당 시장 맞춤형 진출 전략을 수립할 것

◆ 단기적 진입 가능성과 장기적 성장잠재력을 고려해 우선순위를 설정하고 단계적 접근을 추진할 것

이처럼 탑렉의 6단계 사고 흐름에 따라 구조화된 프롬프트를 ChatGPT나 Claude 같은 생성형 AI에 전달하면, AI는 이를 바탕으로 방대한 데이터를 순식간에 분석하고 통찰을 도출해 낼 것입니다. 잠재 시장별 기회와 위협 요인, 경쟁 상황과 진입 장벽, 자사의 강점을 활용한 차별화 방안 등. 인간이 단시간에 종합하기 어려운 인사이트들을 AI가 창의적으로 제안하는 것이죠.

물론 AI의 제안을 그대로 수용하는 것이 아닙니다. 전략 수립의 최종 의사결정은 인간의 몫입니다. 하지만 AI가 제시하는 다양한 아이디어와 시사점은 우리의 전략적 사고를 자극하고 의사결정을 보조하는 데 큰 도움이 될 것입니다. 바로 이것이 탑렉 프롬프트가 가진 힘입니다. 문제의 본질을 통찰하는 사고 체계와 대안을 창출하는 AI의 능력이 만나, 시너지를 일으키는 것이죠.

탑렉 프롬프트는 신제품 개발, 마케팅 전략, 조직 혁신 등 다양한 비즈니스 상황에 적용될 수 있습니다. 예를 들어 조직문화 혁신이 시급한 기업의 경우, 다음과 같은 탑렉 프롬프트를 설계할 수 있겠네요.

〈조직문화 혁신을 위한 탑렉 프롬프트 예시〉

Topic: 구성원의 자율과 창의성이 발현되는 수평적이고 혁신적인 조직문화로의 전환

Origin:
- ◆ 수직적 위계와 경직된 의사소통으로 인해 구성원의 혁신 의지가 저하되고 있음
- ◆ 급변하는 시장에 대응하기 위해 민첩하고 창의적인 조직으로 변모할 필요성 증대

Process:
1. 현 조직문화의 문제점 및 구성원 인식 조사
2. 지향점으로서의 미래 조직문화 비전 정립
3. 변화 필요 영역 도출 및 혁신 아이디어 발굴
4. 리더십, 평가 보상, 소통 방식 등 핵심 영역별 혁신 과제 수립
5. 조직문화 변革을 위한 실행 로드맵 구축

Reason:
- ◆ 자율과 창의를 존중하는 문화가 혁신의 근간이며 구성원의 몰입과 성과 향상으로 이어짐
- ◆ 유연하고 수평적인 문화는 급변하는 환경 대응력과 조직의 회복 탄력성 제고에 기여함

Example:
- ◆ B사는 자율 출퇴근, 수평적 호칭, 자기 주도적 학습 장려 등 혁신적 조직문화 정책을 통해 구성원 만족도와 창의성을 극대화하고 혁신 기업으로 거듭남

Conclusion:
- ◆ 전사 설문과 인터뷰를 통해 조직문화 혁신에 대한 구성원의 인식과 아이디어를 폭넓게 수렴할 것
- ◆ 과업 중심의 유연한 조직 설계, 자율성 부여, 혁신 인센티브 등 파급력 높은 변화 과제를 우선적으로 실행에 옮길 것

이 프롬프트를 통해 AI는 기업 문화 혁신의 다양한 방향성과 실천 아이디어를 제안할 것입니다. 어떤 리더십 스타일이 변화를 이끌어 내는 데 효과적일지, 자율과 창의성을 촉진하는 HR 제도에는 어떤 것들이 있을지, 어떤 방식으로 변화를 구성원들에게 공유하고 동참을 이끌어낼 수 있을지 등. AI의 제안과 인간의 통찰력이 결합된다면 조직문화의 대전환도 결코 요원한 꿈이 아닐 것입니다.

이처럼 우리의 사고를 구조화하는 탑렉 솔루션과 대안을 창출하는 AI의 콜라보레이션. 이것이 제가 이 책을 통해 여러분께 전하고 싶은 혁신의 메시지입니다. 업무 현장의 문제 상황을 탑렉의 6단계로 정제하고, 그 과정 자체를 AI 협업을 위한 소통의 장으로 만드는

경험. 이것은 단순히 문제해결을 넘어 우리 자신을 업그레이드하는 성장의 여정이 될 것입니다.

여러분이 이 책을 통해 탑렉 프롬프트의 설계자로, AI와의 창의적 협업자로 거듭나는 그날을 꿈꿔봅니다. 여러분이 이끄는 혁신의 물결이 우리 조직과 산업의 미래를 바꿔놓을 것이라 믿어 의심치 않습니다.

자, 이제 우리의 혁신 여정을 함께 시작해볼까요? 탑렉 프롬프트를 우리의 든든한 길잡이로 삼아, AI와 함께 창의적 문제해결의 세계로 출발합시다!

2.2
탑렉(TOPREC) 프롬프트 작성의 노하우

지난 시간 우리는 TOPREC 프롬프트가 어떻게 업무 혁신의 문을 열어줄 수 있는지 살펴보았습니다. AI와의 창의적 협업을 통해 우리가 얻을 수 있는 무한한 가능성에 벌써부터 설레지 않으셨나요? 이제 이 설렘을 현실로 만들 차례입니다. 바로 여러분 자신만의 TOPREC 프롬프트를 작성하는 방법을 하나씩 체득해 나가는 시간, 함께 떠나볼까요?

TOPREC 프롬프트를 설계하는 건 마치 요리사가 특별한 메뉴를 개발하는 과정과도 비슷합니다. 최상의 식재료를 준비하고, 각 재료의 개성을 살리면서도 전체적인 조화를 이루도록 요리하는 것. 이것이 바로 훌륭한 요리의 비결이자 매력이죠.

이처럼 잘 설계된 TOPREC 프롬프트 역시 AI와의 환상적인 콜라보레이션을 이끌어내는 핵심 열쇠가 됩니다. 체계적인 사고의 틀 안에서 창의성을 자극하는 질문의 묘미를 살리는 것, 이것이야말로 TOPREC 프롬프트 작성의 정수라고 할 수 있겠죠.

Topic(주제), Origin(근원), Process(과정), Reason(이유), Example(사례), Conclusion(결론)의 6가지 구성 요소. 이것이 바로 TOPREC 프롬프트라는 별미 요리의 식재료입니다. 이 여섯 가지 요소를 어떻게 다듬고 버무리느냐에 따라 프롬프트의 맛과 영양가가 결정되는 셈이죠.

먼저 Topic, 즉 주제를 정할 때는 구체성이 생명입니다. "광고 문구 좀 만들어줘"가 아니라 "MZ세대 취향을 저격할 아이스크림 신제품 론칭 페이스북 광고 문구 3안 작성. 키워드는 힙하고 트렌디한 감성으로!"와 같이 AI에게 명확한 미션을 주는 것. 마치 훌륭한 요리의 첫걸음이 무엇을 만들지 확실히 정하는 것과 같은 이치입니다.

그다음은 Origin, 근원을 짚어주는 배경 설명이에요. "우리 브랜드는 그동안 MZ세대 사이에서 올드한 이미지였어. 이번 신제품으로 그 인식을 혁신하고 싶어"라며 AI에게 브랜드의 맥락을 전달하는 거죠. 마치 요리를 하기 전에 재료의 이력과 개성을 파악하듯 말이에요. 이렇게 정보를 제공할수록 AI도 우리 입맛에 꼭 맞는 아이디어를 내놓을 수 있게 됩니다.

이제 Process, 과정을 구체적으로 지시할 차례입니다. "먼저 신제품의 차별화 포인트 3가지 정도 뽑고, 각각의 키 메시지를 MZ 감성으로 써줘. 그 중에 내가 골라준 2개로 6하 원칙에 입각해 30자 내외 광고 카피 4개씩 만들어줘"라며 중간 산출물까지 디테일하게 주문하는 것. 마치 셰프가 요리의 맛을 좌우하는 황금 레시피를 꼼꼼히 따르듯이요. 이렇게 체계적인 요청이 있어야 AI도 우리가 기대한 최상의 결과물로 화답할 수 있습니다.

여기에 Reason을 곁들이는 건 우리의 요청에 깊이와 무게를 더해줍니다. "이번 신제품 론칭은 브랜드 이미지 쇄신과 하반기 실적 반등의 기폭제가 될 거야. MZ 공략이 그 어느 때보다 중요한 시점이라고!"라며 업무적 당위성을 강조하는 거죠. 이는 AI에게 동기부여를 해 헌신도를 끌어올리는 스페셜 양념과도 같아요. 목적의식 있는 요리가 더 정성 들여 만들어지는 것처럼 말이죠.

여기에 Example이라는 참고 사례로 방향성을 제시해주면 금상첨화입니다. "지난 달 아이스크림 브랜드 하겐다즈의 '진짜 좋아하는 건 꾹 참을 수 없어' 캠페인 문구 톤앤매너 참고하면 좋겠어"라며 모범 답안을 힌트로 줄 수 있는 거예요. 마치 유명 레스토랑의 시그니처 메뉴를 벤치마킹하듯이요. 물론 그대로 베끼라는 게 아니에요. 모범 사례의 특징을 창의적으로 재해석할 방향을 제안하는 거죠.

이제 마지막으로 Conclusion, 결론 짓기만 남았네요. Topic부터 Example까지 우리가 AI에게 전달한 모든 요청사항과 정보를 압축적으로 정리하고, 기대하는 바를 명확히 지시하는 것. "우리 브랜드가 젊고 혁신적으로 변모하는 중이라는 점을 MZ 감성 저격하는 재치 있는 카피로 표현. 신제품의 차별점 반드시 녹일 것. 하겐다즈 성공 사례 벤치마킹하되 우리만의 개성을 살리는 게 관건!"이라며 AI에게 마지막 주문을 남기는 거죠. 마치 셰프가 요리를 마무리하며 플레이팅에 심혈을 기울이듯 말이에요.

네, 벌써 입에서 침이 고이지 않나요? 여러분이 방금 완성한 건 바로 최고의 TOPREC 프롬프트, 그야말로 AI 요리계의 미슐랭 레시피랍니다!

이렇게 Topic의 명료함에서 시작해 Origin의 맥락을 더하고, Process의 구체성으로 맛을 낸 뒤 Reason의 묵직함과 Example의 감칠맛까지 더한다음 Conclusion의 임팩트로 마무리하는 것. 바로 이것이 TOPREC 프롬프트 작성의 정수이자, AI와의 창의적 협업을 일궈내는 비법이랍니다.

물론 처음부터 완벽할 순 없어요. 셰프도 처음부터 최고의 요리를 선보이진 않잖아요? 무수한 시행착오 끝에 자신만의 노하우를 익히고, 그렇게 시그니처 메뉴를 탄생시키는 거죠. TOPREC 프롬프트 작성도 마찬가지예요. 처음엔 어색하고 낯설게 느껴질 수 있어요. 하지만 낙심하지 마세요. 프롬프트를 설계하고 AI의 피드백을 받아보는 과정을 반복하다 보면 어느새 여러분은 프롬프트 장인, 아니 AI 시대 문제해결의 셰프가 되어 있을 거예요.

AI와 함께 창의적 솔루션을 쿡쿡 끓여내는 여러분의 모습, 상상만 해도 멋지지 않나요? TOPREC 프롬프트라는 레시피로 무장한 여러분이라면 그 어떤 문제라도 근사한 요리로 탈바꿈시킬 수 있을 거예요. 자, 그럼 오늘부터 우리 모두 TOPREC 프롬프트 설계에 도전해볼까요? 여러분의 업무와 일상에서 마주한 문제를 TOPREC의 6가지 구성 요소로 꼼꼼히 풀어내는 연습부터 시작하는 거예요. 처음엔 어렵겠지만 포기하지 말고 계속 도전하세요.

여러분의 머릿속에서, AI와의 대화창 속에서 익어가는 놀라운 레시피들. 그 모든 과정이 여러분을 창의적 문제해결의 마스터 셰프로 키워낼 테니까요.

TOPREC 프롬프트 작성의 즐거운 설렘, 이제 우리 함께 맛볼 시간입니다. 오늘의 메뉴는 바로 여러분이 디자인하는 거예요. MC(Master of Creativity), AI 시대 혁신을 요리하는 셰프로서의 여러분을 진심으로 응원하겠습니다!

2.3
효과적인 프롬프트 작성의 golden rule

안녕하세요, 프롬프트 작가 여러분! 저번 시간 우리는 TOPREC-Prompt의 개념과 필요성에 대해 알아봤어요. 이제 본격적으로 TOPREC-Prompt의 황금률을 하나씩 파헤쳐 볼 시간이에요.

여러분은 ChatGPT나 Claude 같은 생성형 AI 도구를 활용하면서 프롬프트의 중요성을 절감하고 계실 거예요. 같은 주제라도 어떻게 질문을 던지고 지시를 내리느냐에 따라 AI가 내놓는 답변의 수준이 크게 달라지잖아요?

그렇다면 우리가 원하는 방향으로 AI를 이끌어내고, 보다 고품질의 결과물을 얻어내려면 어떤 프롬프트를 설계해야 할까요? 높은 퀄리티의 아웃풋을 보장하는 효과적인 프롬프트 작성의 비결, 함께 찾아볼까요?

바로 TOPREC-Prompt의 6가지 황금률을 적용하는 것에서부터 출발합니다.

Topic, Origin, Process, Reason, Example, Conclusion. TOPREC의 6단계 흐름에 맞춰 프롬프트를 체계적으로 구성하는 거예요. 이 황금률만 따른다면 우리는 AI와 한 차원 높은 소통을 나눌 수 있게 될 거예요.

그럼 하나씩 살펴보자고요.

Topic부터 시작할게요. 명료성이 관건이에요.

내가 AI에게 요청하고자 하는 바, 그리고 기대하는 결과물의 형태를 최대한 구체적이고 명확하게 던지는 거예요. "OOO에 대한 아이디어 좀 제안해줘"라는 막연한 질의 대신,

"MZ세대 공략을 위한 신제품 마케팅 전략 3가지를 제시하되, 제품의 차별적 기능 중심으로 온라인 바이럴 캠페인 아이디어를 구체화하고 예상 효과를 수치로 제시해줘"처럼

배경과 목적, 조건을 디테일하게 적시하는 거죠. AI로선 우리가 어떤 맥락에서 무엇을 원하는지 훨씬 정확히 짚어낼 수 있게 되는 거예요.

다음은 Origin을 명시해 배경 정보를 제공하는 거예요.

내가 왜 이 물음을 던지는지, AI가 과제의 취지와 목적을 잘 이해할 수 있도록 설명을 곁들이는 단계예요. "기존 주력 제품의 성장세가 둔화되고, 신제품 론칭 효과도 기대에 못 미치면서 2분기 연속 매출 부진을 겪고 있어. 젊은 층 신규 고객 유입이 시급한 상황"이라는 식으로 태스크의 배경을 친절히 안내하는 거죠. AI 입장에선 이 문제의 중요성과 긴급성을 더 잘 인지하고 임무에 착수하게 돼요.

Process는 과업 수행 시 거쳐야 할 단계를 순차적으로 가이드하는 거예요.

그냥 결과만 가져다 달라고 하는 게 아니라, 중간 과정에서 내가 기대하는 사고의 흐름까지 디테일하게 짚어주는 거죠. "먼저 MZ세대의 소비 트렌드 및 라이프 스타일 분석 리포트를 참고해 이들의 신제품 수용도를 높일 수 있는 차별화 포인트 3가지를 도출하고, 각 포인트별로 온라인 채널 특성에 맞는 바이럴 기획안을 구체화한 후, 예상 효과를 퍼널 단계별로 수치화해서 정리해줘"라며 단계를 쪼개서 가이드하는 거예요. 이런 단계별 접근은 AI로 하여금 우리가 기대하는 사고의 깊이와 폭을 더 면밀히 이해하게 만들어 줘요.

Reason 단계에선 내가 이 일을 왜 중요하게 여기는지 한번 더 강조하는 거예요. "지금 당장 MZ 신규 고객층 유입에 성공하지 않으면 하반기 실적 반등은 물 건너갈 수도 있어. 2030 타깃 공략이 매출 회복의 마지막 열쇠가 될 거야"라며 당위성을 환기시키는 거죠. AI 역시 태스크의 무게감을 인지할수록 더욱 심혈을 기울여 임무 완수에 임하게 될 거예요.

   Example은 구체적인 방향성을 제안하는 나침반과 같아요. "지난해 O社가 MZ 공략 신제품을 출시하며 인플루언서 언박싱 마케팅을 전개해 SNS 화제성 1위를 기록한 바 있어. 당시 바이럴 캠페인 전략 프레임을 참고해보면 좋겠어"라는 식으로 말이에요. 성공 사례를 구체적으로 예시하면서 내가 기대하는 방향성과 퀄리티 수준을 제안하는 거죠. 마치 "이런 식으로 해줬으면 좋겠어"라며 모범답안을 먼저 내어주는 셈이에요.

   자, 지금까지 우리는 TOPREC-Prompt의 5단계 황금률을 정복했어요.

   사실 여기까지만 잘 따라와도 여러분은 이미 프롬프트 고수의 반열에 올라선 셈이에요.

   하지만 프롬프트 장인의 길은 아직 끝나지 않았어요. 최종 단계가 남아 있거든요.

   Conclusion, 이것이 바로 프롬프트의 대미를 장식할 피날레 무대랍니다.

자, 그럼 프롬프트 장인으로 거듭나는 마지막 황금률, Conclusion의 비밀을 풀어보는 것으로 이야기를 마무리할게요.

Conclusion의 핵심은 압축과 함축에 있어요.
Topic부터 Example까지 우리가 전달한 모든 요구사항과 정보를, 최종적으로 명료하고 간결한 지시로 마무리 짓는 단계랍니다.

"MZ 소비 트렌드 분석을 토대로 신제품 차별화 포인트를 도출하고, 포인트별 SNS 바이럴 기획 방향과 기대 효과를 제안서로 정리해서 말해줘. 분량은 A4 2페이지 내로 해주고"라는 식으로
기대하는 결과물의 골자를 명료하게 전하면서, 산출물의 컨셉과 규모까지 구체적으로 지시하는 거예요.

이렇게 최종 마무리 멘트까지 곁들이면 AI는 우리가 원하는 결과물의 청사진을 더욱 선명히 그려낼 수 있게 돼요. 또한 중구난방 수다가 아닌, 논리적이고 임팩트 있는 결론을 도출해낼 수 있게 되죠.

여러분, 이렇게 TOPREC-Prompt의 6단계 황금률을 대망의 Conclusion까지 모두 섭렵했네요.
정말 수고 많으셨어요! 자, 이제 우리는 프롬프트 작성의 진정한 고수가 되었답니다.

물론 처음부터 만점짜리 프롬프트를 만들긴 어려울 거예요. 주제에 따라, 상황에 따라 새롭게 적용하고 변주하는 게 필요하죠. 때로는 황금률을 과감히 깨부수는 실험 정신도 필요해요. TOPREC 황금률은 창의성을 향한 디딤돌일 뿐, 절대 불변의 법칙은 아니니까요.

중요한 건 꾸준히 실전에 적용해 보는 거예요.

나의 일상과 업무 속에서 TOPREC의 6단계를 반복해서 훈련하다 보면, 어느새 프롬프트 작성이 여러분의 본능이 되어 있을 거예요. 마치 운전이나 자전거 타기가 무의식이 되듯이 말이죠.

그렇게 TOPREC 사고를 체화하고 AI와 호흡하는 순간, 여러분은 AI 시대 최고의 창의적 파트너로 거듭날 수 있을 거예요. 머릿속 아이디어의 씨앗을 AI와의 환상적인 콜라보로 화려하게 꽃피울 수 있게 될 거라고요.

이제 여러분이 할 일은 단 하나, 바로 시작하는 거예요!

망설이지 말고 지금 당장 생각나는 주제 하나를 TOPREC-Prompt로 풀어보세요. 그리고 ChatGPT나 Claude에게 당신의 첫 프롬프트를 던져 보는 거예요. 처음엔 낯설고 어색할 수 있어요.

하지만 그 연습의 순간순간이 모여 여러분을 프롬프트 달인으로 만들어줄 거예요.

여러분 모두가 AI 시대를 주도하는 창의적 프롬프트 디자이너로 성장하길 진심으로 응원합니다.

머지않아 우리 모두 인생의 난제를 AI와 함께 풀어내는 그날, 그 자리에서 다시 만나길 고대할게요.

2.4
TOPREC 프롬프트의 위력
: 생성형 AI 적용 실제 아웃풋

 자, 이제 TOPREC-Prompt의 황금률을 곁에 두고 AI와의 창의적 항해를 시작해 볼까요?

여러분의 머릿속에, 또 AI 모델 안에 숨어있던 창의력의 보물 상자가 활짝 열릴 준비가 되었답니다.

출발해 봅시다, 프롬프트 히어로 여러분!
AI 시대 혁신의 항해를, 바로 지금 이 순간부터 함께 이어나가요!

그럼 이제 TOPREC-Prompt의 위력을 직접 확인해 볼 시간이에요.

제가 이 책에서 예시로 든 TOPREC-Prompt를 그대로 ChatGPT나 Claude에 복사 붙여넣기 해 보세요.

⟨신규 사업 아이템 발굴을 위한 TOPREC-Prompt⟩

Topic(주제):

코로나19 이후 급변하는 시장 환경에 선제적으로 대응하고, 지속 가능한 성장을 견인할 신규 사업 아이템 3가지를 제시하세요.

아래의 절차를 따라 단계별로 신규 사업 아이템을 발굴하고, 각 단계별 핵심 포인트를 요약해 주세요.

Origin(기원):

팬데믹 이후 비대면 소비 급증, 디지털 전환 가속화 등으로 인해 산업 지형 자체가 재편되는 대전환기를 맞이하고 있습니다. 기존 주력 사업으로는 향후 시장 경쟁력 확보가 어려워, 新성장동력 발굴이 시급한 상황입니다. 이러한 배경에서 회사의 미래를 책임질 신규 사업 아이템을 발굴하고자 합니다.

Process(절차):

1. 환경 분석: STEEP 분석 프레임워크를 활용하여 거시 환경 및 산업 트렌드를 분석하고, 주요 시사점을 도출해 주세요.
2. 내부 역량 진단: 자사의 핵심 역량과 내부 자원을 진단하고, 강점, 약점, 기회, 위협 요인을 정리해 주세요.
3. 아이디어 발산: 크로스 SWOT 전략 등을 적용하여 미래 유망 사업 영역을 예측하고, 구체적인 신사업 아이디어 3가지를 제안해 주세요.
4. 사업성 평가: 제안된 3개 아이템의 사업성을 시장성, 수익성, 실현가능성 측면에서 평가하고, 투자 우선순위를 매겨 주세요.

5. 로드맵 수립: 최종 선정된 유력 아이템별로 향후 3년간의 사업화 로드맵을 단계별로 제시하고, 각 단계별 핵심 액션 플랜을 함께 정리해 주세요.

Reason(이유):

급격한 환경 변화 속에서 기업이 생존하고 장기적 성장을 이어가기 위해서는 新사업 발굴을 통한 선제적 포트폴리오 혁신이 필수입니다. 신규 유망 사업을 통해 미래 수익원을 확보하고 조직 역량을 업그레이드함으로써 불확실성에 대응하는 회복 탄력성을 높일 수 있기 때문입니다.

Example(사례):

국내외 주요 기업들의 선제적 신사업 성공 사례를 참고해 주세요.

- ◆ 자동차 부품사 S社가 전기차 시장의 성장을 선제적으로 포착하여 2차 전지 사업에 진출, 미래 먹거리를 발굴한 사례
- ◆ 유통기업 L社가 비대면 시대에 발맞춰 온라인 플랫폼 기반의 新사업을 신속히 런칭하여 지속 성장을 견인한 사례

Conclusion(결론):

신규 사업 아이템 발굴을 위해 환경/시장/고객 분석은 물론 내부 핵심 역량 진단을 통해 유망 사업 후보군을 도출하되,

각 아이템별 사업성과 실행 가능성을 종합적으로 평가하여 투자 우선순위를 설정해야 합니다.

최종 선정된 사업에 대해서는 구체적인 단계별 사업화 로드맵을 수립하고 필요 자원과 역량을 적기에 확보해 임팩트 있게 실행해 나가는 것이 중

요합니다.

아울러 2~3년 내 숯社 매출의 30% 이상을 신사업이 담당하는 도전적 목표 하에,

기존 사업과의 시너지 극대화는 물론 과감한 밸류체인 혁신을 통해 新시장 선점에 적극 나서는 것이 요구됩니다.

급변하는 시대, 창의적 신사업 발굴과 선제적 실행으로 시장을 리딩하는 혁신 기업으로 거듭나기를 기대합니다.

잠시 후 로딩이 끝나면 ChatGPT나 Claude는 여러분에게 이런 식의 놀라운 결과를 선사할 거예요.

"1. 환경 분석 (STEEP 분석):

사회(Social): 코로나19 이후 비대면 소비가 일상화되고 건강과 안전에 대한 관심이 높아지고 있습니다. 또한 1인 가구 증가, 고령화 등 인구구조 변화도 가속화되고 있습니다.

기술(Technological): 인공지능, 빅데이터, 클라우드, IoT 등 4차 산업혁명 기술이 산업 전반에 융합되어 디지털 전환이 가속화되고 있습니다. 특히 코로나19로 인해 비대면·디지털 기술 발전이 더욱 탄력을 받고 있습니다.

경제(Economic): 팬데믹의 장기화로 인한 경기 침체, 소비 위축 등 시장 불확실성이 가중되고 있습니다. 반면 ESG 경영, 탄소중립

등 지속가능성에 대한 요구는 높아지고 있어 관련 시장 기회도 확대되고 있습니다.

환경(Environmental): 기후변화, 자원고갈 등으로 인해 친환경 제품과 서비스에 대한 수요가 증가하고 있습니다. 정부 차원의 그린뉴딜 정책 추진으로 친환경 산업 성장이 가속화될 전망입니다.

정치(Political): 코로나19 대응을 위한 정부의 적극적 재정 정책이 이어지고 있습니다. 한편 기술 패권을 둘러싼 미중 갈등 심화, 보호무역주의 확산 등 불확실성도 높아지고 있습니다.

2. 내부 역량 진단 (SWOT):

강점(Strength)
- 다년간 쌓아온 제조 노하우와 품질 경쟁력
- 견고한 유통망과 브랜드 인지도
- 우수한 인적자원과 조직문화

약점(Weakness)
- 주력 사업의 성장세 둔화
- 디지털 역량 부족
- 신사업 추진 경험 부재

기회(Opportunity)
- 비대면 시장 성장
- 디지털 전환 가속화

- ◆ 친환경 제품 수요 증가

위협(Threat)
- ◆ 시장 불확실성 증대
- ◆ 신규 경쟁자 출현
- ◆ 원자재 가격 상승

3. 유망 신사업 아이디어:

(1) 스마트홈 IoT 플랫폼

온라인 중심 비대면 소비 트렌드에 부합하는 스마트홈 IoT 플랫폼을 구축하여, 가전·에너지·보안 등 다양한 영역의 서비스를 제공하는 신사업을 제안합니다. 자사의 제조 역량을 바탕으로 차별화된 스마트 디바이스를 개발하고, 클라우드 기반의 통합 IoT 플랫폼을 구축해 소비자들에게 안전하고 편리한 스마트홈 경험을 제공할 수 있을 것입니다.

(2) 친환경 식물성 대체육브랜드

건강과 지속가능성에 대한 관심이 높아지면서 대체육 시장이 가파르게 성장하고 있습니다. 자사의 식품 제조 역량을 활용해 고품질의 식물성 대체육 브랜드를 런칭하는 것이 유망할 것으로 보입니다. 맛과 식감을 개선한 프리미엄 제품들로 차별화하고, 환경과 동물복지를 고려한 브랜드 스토리텔링을 더해 MZ세대 소비자들의 니즈를 충족시킬 수 있을 것입니다.

(3) 실버세대 전용 온라인 헬스케어 플랫폼

고령화 추세에 발맞춰 실버세대를 타겟으로 한 온라인 헬스케어 플랫폼 구축을 제안합니다. 비대면 진료와 처방, 만성질환 관리, 건강기능식품 커머스까지 아우르는 원스톱 플랫폼을 통해 시니어 고객들의 건강 니즈를 해결해 줄 수 있습니다. 자사의 유통망과 브랜드 신뢰도를 적극 활용하여 초기 시장 선점에 나선다면 고령사회 선도 브랜드로 자리매김할 수 있을 것입니다.

4. 사업성 평가 및 로드맵:

스마트홈 IoT 플랫폼의 경우 이미 다수의 경쟁업체들이 시장에 진출한 상황이지만, 제조사로서의 자사 강점을 살려 하드웨어-소프트웨어-서비스를 아우르는 토털솔루션을 제공한다면 차별화된 고객가치를 창출할 수 있을 것입니다. 기존 주력제품 유통망도 적극 활용할 수 있어 사업 실현가능성이 높고, 향후 스마트홈 시장 성장이 지속될 것으로 예측되므로 사업성이 양호하다고 판단됩니다.

식물성 대체육 브랜드는 아직 초기 시장이지만 성장 잠재력이 큰 영역입니다. 자사의 식품 제조 노하우와 브랜드 인지도를 적극 활용할 경우 시장을 선도할 수 있는 기회가 충분합니다. 특히 MZ세대를 타겟으로 한 프리미엄 제품과 브랜딩 전략이 주효할 것으로 예상됩니다. 친환경 소비재에 대한 수요 확대 흐름에도 부합해 사업성이 높을 것으로 판단됩니다.

온라인 실버 헬스케어 플랫폼은 시니어층의 디지털 리터러시 부족 등으로 인해 사업화에 다소 시간이 걸릴 수 있겠으나, 고령화 시대 필수 서비스로서 장기적 성장이 유망한 영역입니다. 게다가 기존 고객 기반과 브랜드 신뢰도를 적극 활용할 수 있어 후발주자 대비 유리한 고지를 선점할 수 있을 것입니다. 정부와 지자체 협력을 통해 서비스 신뢰도를 제고한다면 사업성을 높일 수 있겠습니다.

종합적으로 볼 때 자사의 역량과 시장 잠재력 등을 고려하면 식물성 대체육 브랜드 신사업이 가장 유력해 보이며, 그 다음으로 스마트홈 IoT 플랫폼과 실버 헬스케어 순으로 투자 우선순위를 검토해 볼 수 있겠습니다.

최종 선정된 신사업의 성공적 런칭을 위해서는 우선 각 아이템별로 시장조사를 통해 구체적인 고객니즈를 파악하고, 차별화된 상품/서비스 컨셉을 개발하는 것이 중요합니다. 이를 토대로 사업계획을 구체화하고 TFT를 구성해 단계적으로 추진해 나가되, 필요시 외부 전문가들과의 협업도 적극 검토해야 할 것입니다.

아울러 디지털 전환 역량 확보를 위한 조직 체질 개선과 우수 인재 영입에도 투자를 아끼지 말아야 합니다. 2~3년 내 전사 매출의 30% 이상을 신사업이 담당하는 것을 목표로, 기존 주력사업과의 시너지 창출에도 힘써 나간다면 시장 격변기를 슬기롭게 돌파하고 지속성장의 기반을 다질 수 있을 것입니다."

물론 AI의 제안이 100% 완벽할 순 없겠죠. 업종과 기업별 상황에 따라 더 심도 있는 논의와 조정이 필요할 거예요. 하지만 적어도 이 프롬프트가 우리에게 신사업 탐색의 전체 로드맵과 방향성은 일목요연하게 제시해 주고 있잖아요?

여러분이 평소 고민하던 문제의 실마리를, 막연하게만 느껴졌던 솔루션의 윤곽을 이렇게 AI의 관점에서 되짚어보는 것 자체가 엄청난 영감과 통찰의 원천이 될 수 있답니다. 이 결과물을 토대로 팀원들과 열띤 토론을 이어가고, 우리만의 전문성과 창의성을 보태 구체적인 실행안을 만들어간다면 어떨까요? 그 과정에서 우리는 초기에 설계했던 프롬프트를 지속적으로 개선해 나갈 수 있고, 그럴수록 AI와의 창의적 협업은 더욱 깊어질 거예요.

자, 이제 확신하셨죠? TOPREC-Prompt는 미래 경쟁력의 원천인 신사업 발굴을 위한 최고의 디딤돌이 될 수 있다는 사실! 오늘부터 여러분의 일상 속 문제 해결 파트너로 AI를 적극 활용해 보시는 건 어떨까요? 여러분 모두가 TOPREC 사고의 힘으로 무장한 프롬프트 디자이너로 거듭나는 그날까지, 마음 깊이 응원하겠습니다!

 신규 사업 발굴의 대해를 향해 힘차게 돛을 올린 여러분, 창의적 협업의 항해 내내 TOPREC의 나침반과 AI의 순풍이 늘 함께하기를! 그럼 다음 에피소드에서 또 만나요, 프롬프트 히어로 여러분! 신나는 항해 되세요!

2.5
업무별 프롬프트 활용 베스트 사례
— 신제품 출시 마케팅

안녕하세요, 프롬프트 히어로 여러분! 지난 시간 우리는 TOPREC-Prompt를 활용해 신규 사업 아이템을 발굴하는 스릴 넘치는 경험을 했었죠. 어떠셨나요? AI와의 창의적 협업을 통해 숨겨진 혁신의 보석을 캐내는 짜릿함, 머릿속에 잔상이 남아 있으시죠?

오늘은 그 설렘을 이어가는 두 번째 미션을 소개할게요. 바로 신제품 출시 마케팅 전략 수립에 TOPREC-Prompt를 적용하는 거예요. 최근 개발된 혁신적인 신제품, 우리가 그 시장 반응을 좌우할 커뮤니케이션 전략의 승패사가 될 수 있다는 사실! 가슴이 벌써부터 두근거리시죠?

자, 이제 우리 머릿속 아이디어 발전소와 ChatGPT, Claude 같은 AI 크리에이티브 파트너의 콜라보로 새로운 신제품 마케팅의 레전드를 써 내려갈 시간입니다. TOPREC-Prompt를 우리의 영감 도구 삼아, 환상적인 BTL 캠페인 아이디어를 뽑아내 볼까요?

〈신제품 바이럴 마케팅 전략 기획을 위한 TOPREC-Prompt〉

Topic(주제):
새롭게 출시될 스마트워치 신제품의 주요 타깃인 MZ세대의 구매 전환을 이끌어낼 바이럴 마케팅 캠페인 전략 수립. 신제품만의 차별화된 기능과 가치를 부각시키는 콘셉트 3가지 아이디어와 해당 콘셉트별 바이럴 활성화 방안을 함께 제안해 주세요.

Origin(기원):
당사는 스마트워치 시장에서 후발주자로 진입하는 상황으로, 선발 업체들과의 차별화가 시장 안착의 관건입니다. 이번에 공개될 신제품의 USP는 몸에 착용하는 순간 사용자의 감정 상태를 인식하고 이에 맞는 음악을 자동 추천해주는 'Emotion Sense' 기능으로, 특히 개인 감정 케어에 관심이 많은 MZ세대의 니즈를 정조준할 계획입니다. 제품력에 걸맞는 톡톡 튀는 바이럴 캠페인으로 신제품의 존재감을 확실히 각인시키는 것이 이번 마케팅 전략의 핵심 목표입니다.

Process(절차):

1. MZ세대의 최신 라이프 스타일 트렌드와 감성 분석 리포트를 참고하여 'Emotion Sense' 기능과 연계될 캠페인 콘셉트 방향성 3가지 도출
2. 도출된 콘셉트 방향성별로 온라인 바이럴을 위한 크리에이티브 전략 3~5가지씩 구체화 (영상, 이미지, 텍스트 등 형식 구분)
3. 각 크리에이티브 전략별 온라인 채널 활용 방안 (유튜브, 인스타그램, 틱톡, 트위터 등) 및 콘텐츠 확산 트리거 제시
4. 제안된 바이럴 캠페인 운영 시 예상 효과 지표 (Reach, Engagement, Sentiment 등) 및 신제품 인지도/선호도 변화 추정치 산정

Reason(이유):

스마트워치는 이미 레드오션이 된 시장으로 후발주자의 입지가 만만치 않습니다. 이 상황에서 신제품의 성공적 안착을 위해서는 MZ세대의 감성 코드를 제대로 짚어내는 것이 무엇보다 중요합니다. 특히 'Emotion Sense'라는 혁신적 기능이 주는 새로운 경험의 가치를 젊은 세대의 언어로 와닿게 전달하는 것이 승부처입니다. 단순 제품 홍보가 아닌, MZ 세대의 감성을 자극하고 그들 사이에서 자발적 바이럴을 이끌어낼 창의적 캠페인 설계가 이번 신제품 전략의 核心 열쇠가 될 것입니다.

Conclusion(결론):

이상의 내용을 종합하여, 'Emotion Sense'라는 스마트워치 신제품만의 주요 기능과 차별화된 가치를 MZ 세대의 감성에 직접 와닿는 바이럴 마케팅 캠페인 전략 컨셉 3안을 제안해 주세요.
각 컨셉 아이디어의 크리에이티브 방향성과 온라인 채널 활용 전략, 기대 효과 추정까지 종합적으로 담아주시면 좋겠습니다.

무엇보다 젊은 세대 사이에 자발적 캠페인 참여와 2차 콘텐츠 창작으로 이어지는 바이럴 활성화가 관건인 만큼, 트렌디하면서도 감각적인 캠페인 아이디어 발굴에 초점을 맞춰 주세요.

MZ세대의 감성을 사로잡는 크리에이티브 전략으로 신제품의 가치가 빛나는, 기발하고 임팩트 있는 바이럴 캠페인 제안을 기대하겠습니다!

이렇게 TOPREC-Prompt를 작성해 보니 막막하신 분들 계시죠? 그런데 사실 이 템플릿은 우리가 앞서 배웠던 TOPREC 사고법만 떠올리면 누구나 쉽게 완성할 수 있어요. 어떻게 하면 될까요?

먼저 Topic은 내가 해결하고자 하는 과제의 핵심을 명확하고 간결하게 정의하는 거예요. 제가 위에서는 "MZ세대 타깃 신제품 바이럴 마케팅 전략 수립"으로 썼죠. 여러분도 "이번에 새롭게 론칭할 A 제품의 SNS 홍보 방안 제안"처럼 직관적으로 써보세요.

Origin은 내가 이 주제에 대해 고민하게 된 배경, 즉 출발점을 설명하는 부분입니다. 예를 들어 "젊은 층을 중심으로 우리 제품의 인지도가 낮아 시장 점유율이 정체되고 있어. 신제품 출시를 맞아 젊은 타깃의 눈길을 끌 참신한 디지털 마케팅 전략이 절실함" 같이 간단히 맥락을 적어주면 돼요.

Process는 이 과제를 수행하기 위한 절차를 단계별로 나열하는 겁니다. 거창할 필요 없어요. 떠오르는 대로 키워드 수준으로 적어 보세요. "먼저 신제품의 핵심 타깃층인 대학생들의 라이프스타일을 분석하고, 그들이 선호하는 콘텐츠와 채널 유형을 파악한 뒤, 우리 제품의 USP와 연결될 만한 크리에이티브 아이디어를 3가지 정도 도출해 본다." 뭐 이런 식으로요.

Reason은 내가 왜 이 일을 해야만 하는지, 이 과제가 중요한 이유를 적는 부분이에요. "브랜드에 대한 호감도가 낮은 젊은 층을 사로잡지 못하면 장기적으로 시장에서 도태될 수밖에 없기에, 신제품 론칭 시점에서의 획기적인 인지도 제고가 필수적" 이런 식으로 과제의 중요성과 시급성을 짚어주는 거죠.

Conclusion은 지금까지 쓴 내용들을 한 단락으로 요약 정리하는 단계예요. 특히 내가 AI에게 기대하는 결과물의 형태와 방향성을 명확히 적시해 주는 게 중요해요. 제 경우엔 "신제품 'Emotion Sense' 기능의 차별성을 MZ 감성에 와닿게 전달할 바이럴 캠페인 아이디어 3가지를 기대한다"는 식으로 명료하게 썼죠.

또 하나, Example을 빼먹고 넘어갔네요. 이건 내 요청에 대한 이해도를 돕기 위해 관련 사례를 간단히 예시하는 파트예요. "최근 B 브랜드가 신발 신제품 런칭 시 MZ 인플루언서와 협업해 진행한 온라인 댄스 챌린지가 바이럴 히트 쳤던 게 떠오르네. 이런 식의 MZ

친화적 캠페인 사례를 참고해줘"라고 하면 AI도 내가 원하는 방향을 더 잘 짚어낼 수 있겠죠?

자, 이렇게 TOPREC의 각 단계별로 떠오르는 대로 한 문장씩만 작성해도 어느새 근사한 프롬프트가 완성되는 마법! 어렵지 않죠? 부담 갖지 말고 일단 툭툭 던지듯 적어보세요. 그리고 그걸 ChatGPT나 Claude에 입력해 보는 겁니다. 여러분의 두뇌에서 건네는 그 프롬프트 공을 AI가 멋지게 받아 창의적인 기획안 홈런으로 연결해 줄 테니까요.

방금 제가 예시로 작성한 TOPREC-Prompt, 각자 활용하는 AI 도구에 그대로 입력해 보세요. 잠시 후 AI가 이런 식의 멋진 제안을 쏟아낼 거예요.

"1. "Find Your Emotion" 챌린지 캠페인

컨셉 : 개인의 감정을 음악으로 표현하고 공유하는 SNS 챌린지
크리에이티브 아이디어 :
- 'Emotion Sense' 기능으로 감지된 자신의 감정을 색깔, 이모지, 짧은 문구 등으로 표현하는 챌린지 참여 방식
- 개성 있는 감정 표현 영상/이미지를 SNS에 업로드하고 친구들을 챌린지에 태그하는 바이럴 유도

- 챌린지 참여자 중 5명을 선정, 퍼스널 뮤직 큐레이션 서비스 1년 무료 이용권 증정

채널 활용 전략:

- 인스타그램, 틱톡을 중심으로 짧은 영상 형태의 유저 제너레이티드 콘텐츠(UGC) 확산 유도
- 트위터에서는 관련 해시태그를 통해 실시간 챌린지 참여 현황 업데이트

기대 효과:

- 'Emotion Sense' 기능을 활용한 새로운 감정 표현 방식의 열풍 조성
- 개인의 감정을 음악으로 연결한다는 신제품 컨셉의 자연스러운 체득 유도
- MZ세대 사이의 활발한 참여와 자발적 확산으로 신제품 인지도 및 호감도 제고

(이하 캠페인 아이디어 2, 3 생략)

종합 제언:

상기 바이럴 마케팅 캠페인 아이디어는 모두 MZ세대 특유의 감성적 공유와 자기 표현 욕구를 자극할 수 있는 참여형 콘텐츠에 기반하고 있습니다. 'Emotion Sense'라는 신제품 기능의 특장점을 살리되, MZ들의 라이프 스타일과 감성 코드에 착한 공감대 형성에

주력했습니다.

 이를 통해 단기적으로는 신제품 체험과 관심 유발에 집중하되, 장기적으로는 브랜드에 대한 긍정적 이미지와 로열티 제고까지 도모할 수 있을 것으로 기대됩니다. 무엇보다 바이럴 캠페인의 지속적 화제성 유지와 파급력 극대화를 위해서는 MZ 타깃의 심리와 관심사를 제대로 꿰뚫는 섬세한 전략 설계가 요구됩니다. 그런 의미에서 실제 캠페인 운영 과정에서도 그들의 반응과 피드백에 귀 기울일 필요가 있습니다.

 아무쪼록 저희가 제안 드린 바이럴 캠페인 아이디어가 스마트워치 신제품의 성공적인 시장 안착을 견인할 창의적 마중물이 되길 희망합니다. 감사합니다."

 어떤가요? 제가 간단히 만들어본 프롬프트에도 AI는 이토록 형형색색의 아이디어 보석을 쏟아내 주는 걸 보니 신기하지 않으세요? 여러분의 프롬프트에는 또 어떤 창의적 제안이 숨어 있을지, 벌써부터 상상의 나래가 펼쳐집니다.

 막상 AI가 내어준 결과물이 내 기대와 다를 수도 있어요. 하지만 낙담하지 마세요. 그 제안들 자체가 우리 상상력의 단초가 되고, 더 나은 방향성을 모색하게 하는 나침반이 되어줄 테니까요. 부족한 점을 보완하고 더 창의적인 접근을 더하라고 말이죠.

이런 과정을 통해 AI와의 창의적 콜라보를 거듭하다 보면, 우리는 현재의 우리보다 한 뼘 더 성장해 있는 자신을 발견하게 될 거예요. 뛰어난 제품 전략가이자, 인간과 AI 사이의 최고의 크리에이티브 디렉터로 말이죠.

여러분, 지금 당장 시작해 보세요. 머릿속에서 가장 먼저 떠오른 신제품을 향해, 오늘의 첫 프롬프트를 건네는 거예요. 그리고 AI와의 창의적 대화를 시작하는 거죠. 그 속에서 우리는 우리 자신과도 새롭게 만나게 될 테니까요.

아, 참고로 저희는 다음 에피소드에서 영업 현장에서 TOPREC-Prompt를 활용하는 방법에 대해 만나볼 예정이에요. 고객의 니즈를 사로잡는 맞춤형 제안서를 AI와 함께 만들어내는 여정, 기대되시죠?

그때까지 여러분 모두 TOPREC-Prompt 작성의 달인으로 거듭나시길 바라며, 프롬프트 히어로 여러분의 뜨거운 창작 열정을 응원합니다. 신나는 창의력의 항해 되세요. 다음에 또 만나요!

2.6
업무별 프롬프트 활용 베스트 사례
— 솔루션 영업

안녕하세요, 프롬프트 히어로 여러분! 지난 시간 우리는 신제품 출시 마케팅을 위한 창의적 바이럴 캠페인 아이디어를 TOPREC-Prompt와 함께 찾아보는 즐거운 경험을 했었죠.

오늘은 그 감동의 여운을 이어, 또 다른 업무 영역에서의 TOPREC-Prompt 활용법을 소개해 드리려고 해요. 바로 솔루션 영업 분야인데요. 고객사를 사로잡는 제안서 작성부터 영업 프레젠테이션 전략 수립까지, TOPREC-Prompt와 AI 크리에이터들과의 쓰리콤보로 신박한 영업 혁신 아이디어를 만들어 낼 수 있습니다.

가령 IT 솔루션 기업에서 일하고 계신 영업 히어로 분들, 새로운 클라우드 서비스를 대기업 고객사에 제안해야 하는 미션 앞에서 고민이 깊으신가요? 그렇다면 지금부터 소개해 드릴 TOPREC-Prompt 활용법에 주목해 주세요.

〈대기업 고객사 대상 클라우드 솔루션 영업 제안을 위한 TOPREC-Prompt〉

Topic(주제):
A기업의 DX(디지털 전환) 가속화에 기여할 당사의 차세대 클라우드 솔루션의 핵심 경쟁력을 바탕으로, 고객사의 비즈니스 가치 창출을 극대화할 수 있는 맞춤형 제안 전략 수립

Origin(기원):
A기업은 제조업 특성상 기존 레거시 시스템에 대한 의존도가 높고 DX 수준이 상대적으로 낮은 편이나, 최근 그룹 차원에서 클라우드 기반 DX 전략을 선포하고 적극적인 파트너사 물색에 나선 상황임. 당사의 선제적 영업 제안을 통해 A기업의 DX 어젠다 실행을 리딩할 핵심 파트너로서의 입지를 선점하고, 나아가 제조업계 전체로 사업 영역을 확장하는 교두보를 마련하고자 함.

Process(절차):
1. A기업의 사업 현황 및 DX 추진 과제 분석을 통해 당사 솔루션의 핵심 가치 제안 도출

2. 제조업 DX 트렌드 및 best practice 사례 조사를 통한 A기업 맞춤형 솔루션 적용 방안 구체화
3. 기대 효과 시뮬레이션을 통해 A기업의 DX ROI를 정량적으로 제시
4. A기업 의사결정권자 분석을 토대로 단계별 어프로치 전략 수립
5. 차별화된 프레젠테이션 전략 기획 및 핵심 메시지/스토리텔링 방향성 정립

Reason(이유):

A기업은 업계를 선도하는 최대어급 고객사로, 이들과의 파트너십 체결은 당사 사업 확장에 있어 획기적 레퍼런스가 될 것임. 무엇보다 DX 트렌드에 적극 부응하는 선도적 프로젝트 수주를 통해 제조업 DX 분야에서의 thought leadership을 확고히 하고, 후속 고객사 개발에도 유리한 고지를 선점할 수 있음.

Conclusion(결론):

제조업 특성에 최적화된 당사만의 차별적 클라우드 솔루션의 강점을 부각하되, A기업의 비즈니스 맥락에서의 DX 가치 향상에 방점을 둔 맞춤형 제안서를 작성할 것. 사업 전략적 중요성을 감안해 CEO에서 실무진에 이르는 다양한 layer의 의사결정권자를 대상으로 한 전방위적 영업 활동 및 PR이 요구됨. 제안 경쟁력 극대화를 위해 영업/마케팅/컨설팅 부서 간 원활한 협업 및 커뮤니케이션 체계 구축도 필수. 고객 가치 혁신을 통한 DX 리딩 기업으로의 도약, A기업 프로젝트 수주가 그 교두보가 되기를 기대함.

자 여러분, 방금 읽어보신 프롬프트가 마음에 와닿으시나요? 주제를 명확히 하고, 배경을 설명하며, 프로세스를 정리하고, 근거를 제시하는 등 TOPREC 사고법의 틀을 차근차근 따라가고 있죠?

하지만 솔루션 영업을 처음 해보신다면, 저 프롬프트만으로는 약간 막막하실 것 같아요. 그래서 준비했습니다. 영업 히어로 여러분이 단계별로 맞춤형 TOPREC-Prompt를 작성할 수 있는 꿀팁 대방출!

먼저 Topic은 '영업 제안의 핵심 목표가 무엇인가'에 집중하세요. "A사의 DX 과제 해결을 위한 당사 솔루션의 최적화 방안"처럼 명확하게 적어보는 거예요.

Origin에서는 영업 기회가 된 배경, 즉 고객사의 Pain point가 무엇인지 짚어주세요. 예를 들어 "기존 A사의 레거시 시스템으로는 폭증하는 비정형 데이터 처리에 한계가 있어, 차세대 클라우드 기반 아키텍처 전환이 시급한 상황"같이 고객 관점에서 영업 니즈를 설명하는 거죠.

Process는 영업 제안 구성에 필요한 필수 활동들을 간단히 나열해 보세요. "고객사 이슈 분석 → 솔루션 적용 방향성 정립 → ROI 시뮬레이션 → 의사결정권자 파악 → 맞춤형 제안"처럼요.

Reason에는 왜 하필 우리 회사가, 우리 솔루션으로 저 고객사의 문제를 해결해야만 하는지를 강조하세요. "A사의 DX 성공 방정식에 당사만의 차별적 클라우드 플랫폼과 산업 인사이트가 필수 요소"라는 식으로 어필하는 거예요.

Conclusion에서는 지금까지 정리한 내용을 토대로 내가 만들고 싶은 제안서의 콘셉트와 방향성을 명확히 요약하는 거예요. 예컨대 "A사 DX 성공을 위한 TO-BE 아키텍처 청사진을 제시하고, 단계별 마이그레이션 로드맵을 담은 실행형 제안서 도출"처럼요.

이렇게 머릿속으로 정리가 되셨다면, 이제 TOPREC-Prompt를 완성하실 때예요. 각 항목에 2-3줄씩만 적어도 훌륭한 프롬프트가 탄생할 거예요.

그럼 자신만의 TOPREC-Prompt가 준비되셨나요? 이제 ChatGPT나 Claude 등 평소 활용하시는 AI 도구에 그대로 입력해 보세요. 여러분의 투박한 프롬프트 알을 AI가 어떻게 화려한 영업 제안서 보석으로 깨워줄지 자, 같이 들여다볼까요?

잠시 후 AI는 이런 식의 멋진 제안을 쏟아낼 거예요.

"A사 맞춤형 DX 솔루션 제안서(안)

1. 개요

◆ 4차 산업혁명 시대, 제조업의 디지털 전환(DX) 가속화는 선택이 아닌 필수

◆ A사의 현행 레거시 시스템으로는 DX 실현에 구조적 한계

◆ 당사의 차세대 클라우드 솔루션 '스마트 팩토리 플랫폼'으로 A사의 DX 혁신 선도

2. 제안 배경

◆ A사의 현행 시스템 진단 결과, 데이터 처리/분석 병목 현상 심각

◆ DX 핵심 과제로 ①실시간 데이터 통합 ②예측 기반 의사결정 ③유연한 확장성 등 도출

◆ 레거시 시스템 기반으로는 상기 과제 실현 불가능 → 클라우드 전환 시급

3. 당사 솔루션 개요

◆ (플랫폼 구성) 클라우드 기반 '스마트 팩토리 플랫폼' : 데이터 레이크 + AI 분석 모듈 + 확장형 아키텍처

◆ (차별성) 국내 유일 제조 특화 클라우드 솔루션, 200개 이상 적용 사례 보유

◆ (기대 효과) 데이터 병목 50% 감소, 예측 정확도 30% 향상 → 연간 운영비용 20% 절감

4. A사 맞춤 적용 방안

- (데이터 통합) 25개 사업장 데이터를 실시간 수집/통합 → 단일한 소스 확보
- (예측 고도화) 머신러닝 활용 생산량, 재고량, 불량률 등 핵심 지표 예측 정교화
- (유연성 제고) 필요시 즉각 프로세싱 파워 확대 → 급변하는 비즈니스 요구 대응력 향상

5. 기대 효과

- 전사 데이터 가시성 확보로 의사결정 속도 50% 향상
- 설비 가동률 15% 제고, 불량률 20% 감소로 생산성 극대화
- TCO 30% 절감 및 투자 대비 수익률(ROI) 50% 달성

6. 도입 로드맵

- (~3개월) 플랫폼 PoC 및 파일럿 테스트
- (~6개월) 주요 사업장 대상 우선 적용
- (~12개월) 전 사업장 확대 완료

7. 추진 체계

- 전담 프로젝트 조직 구성 (당사 컨설턴트 + A사 실무진)
- CEO 직속 DX 태스크포스 운영 제언
- 정기 프로젝트 리뷰 미팅 및 효과 측정 프로세스 가동

8. 결론

스마트 팩토리 플랫폼 도입을 통해 A사는 명실상부 제조업 DX 선도 기업으로 거듭날 것입니다. 플랫폼 운영으로 축적된 데이터 자산은 새로운 비즈니스 모델 창출의 원천이 될 것이며, 업계 최고 수준의 생산 효율성과 품질 경쟁력 확보로 시장 지배력이 한층 공고해질 것입니다.

무엇보다 우리 회사와의 협업을 통해 DX 트렌드를 선도하는 혁신 champion으로서 A사의 위상이 높아질 것으로 확신합니다. 디지털 전환의 여정에 함께 하겠습니다."

놀라운 반전이죠? 고작 몇 줄의 프롬프트로 이 정도 퀄리티의 초안이 탄생한다니.

물론 이것이 완벽한 제안서는 아닐 거예요. 하지만 적어도 여러분이 영업 제안서라는 큰 숲을 바라보는 시야는 한층 트이게 해 줄 거예요. 여기에 여러분의 영업 노하우와 고객 인사이트를 보태 다듬어 나가면 반드시 A사의 마음을 흔드는 프로포절의 형태를 갖출 수 있을 거라 확신합니다.

영업이란 결국 고객에게 감동을 선사하는 일. 그 감동의 씨앗을 품은 제안서라면 반드시 승부에서 이길 수 있어요. 그런 의미에서 TOPREC-Prompt와 AI를 우리의 영업 경쟁력으로 삼는다면, 우린 어떤 난관도 뚫고 나갈 수 있을 거예요. 그 힘찬 발걸음에 프롬프트 히어로 여러분을 진심으로 응원하겠습니다.

자, 그럼 내일부터 어떤 고객사를 누구보다 먼저 찾아가 볼까요? 여러분이 새롭게 정의할 영업의 룰, TOPREC-Prompt와 AI라는 두 날개로 자신 있게 펼쳐보는 거예요. 그 현장에서 여러분의 빛나는 성과 사례 꼭 함께 나눠주시길 기대할게요.

아 참, 다음 에피소드에서는 트렌드 예측 리포트 작성 미션이 우리를 기다리고 있답니다. 'TOPREC-Prompt로 ESG 트렌드 읽기' 함께 도전해보시죠!

여러분 모두 프롬프트 작성의 달인으로, 영업 잘 하는 히어로로 거듭나시길 응원하고 있어요. 모두 파이팅입니다!

2.7

업무별 프롬프트 활용 베스트 사례
— 트렌드 리서치 분야

안녕하세요, 프롬프트 히어로 여러분! 지난 시간 솔루션 영업 현장에서 TOPREC-Prompt의 위력을 실감하셨나요? 고객사의 마음을 사로잡는 제안서 작성의 비결, 이제 여러분 손 안에 쥐어졌죠?

오늘은 또 다른 영역에서 TOPREC-Prompt의 매력에 빠져 볼 텐데요. 바로 트렌드 예측 리서치 분야입니다. 빅데이터라는 넓은 바다에서 新트렌드의 본질을 낚아 채는 촉, TOPREC-Prompt로 기를 수 있다는 사실! 가슴이 두근거리시나요?

가령 유통업계에 종사하는 리서치 히어로라면 누구나 한 번쯤 이런 고민에 빠져 보셨을 텐데요. "포스트 코로나 시대, 고객들은 어떤 소비 행태를 보일까? 새롭게 주목해야 할 트렌드는 뭘까?"

바로 이 난제 앞에서 우리에겐 TOPREC-Prompt와 ChatGPT, Claude 같은 AI 분석 도구라는 든든한 조력자가 있습니다. 이들과 힘을 합쳐 유통의 新트렌드를 발굴해 보는 거예요. 어떤 유통 혁신의 씨앗을 캐낼 수 있을지 벌써 상상이 되시죠?

〈포스트 코로나 시대 유통 트렌드 분석을 위한 TOPREC-Prompt〉

Topic(주제):
포스트 코로나 시대의 유통 산업 변화상을 반영한 새로운 소비 트렌드 5가지 발굴 및 인사이트 제언

Origin(기원):
- 코로나19로 인한 비대면 소비 급증, MZ세대의 가치 소비 트렌드 부상 등 유통 패러다임의 대전환기를 맞이한 상황에서 선제적 대응 전략 모색이 시급함
- 빅데이터 분석을 통한 新소비 트렌드 예측과 이에 기반한 마케팅 혁신이 포스트 코로나 시대 유통 기업의 생존 열쇠로 부상

Process(절차):
1. 카드사 매출 데이터, 포털 검색 데이터 등 방대한 소비 관련 빅데이터 수집 및 전처리

2. 코로나 전후 구매 패턴 변화 추적 및 비교 분석 (품목, 채널, 주기, 금액 등)
3. 세분화된 고객군별 소비 성향 및 구매 여정 분석 (MZ세대, 시니어, 가족 등 타깃별)
4. 잠재적 니즈 및 구매 동기 예측, 포스트 코로나 시대의 新소비 트렌드 Top 5 도출
5. 트렌드에 부합하는 마케팅 전략 및 新상품/서비스 컨셉 제언

Reason(이유):

- ◆ 팬데믹으로 인한 비대면 문화 확산, 건강/가치 소비 부상 등 소비 지형 자체의 대변혁기
- ◆ 변화된 소비 트렌드에 선제 대응하지 못하면 시장에서 도태될 수밖에 없는 상황
- ◆ 빅데이터에 기반한 정확한 트렌드 예측과 발 빠른 전략 실행만이 포스트 코로나 시대 유통 기업의 생존 조건

Example(사례):

- ◆ 빅데이터 분석으로 MZ세대의 '가치 소비' 트렌드를 포착, 친환경/윤리적 PB상품 개발로 매출 신장에 성공한 유통사 E사례
- ◆ SNS 데이터 분석을 통해 '홈트' 열풍을 예견, 관련 상품 라인업 확대로 시장 선점한 스포츠 브랜드 N사례

Conclusion(결론):

- ◆ 카드사, 포털, SNS 등 다양한 출처의 빅데이터를 종합 분석하여 포스

트 코로나 시대의 新소비 트렌드 5가지 제시
- ◆ 도출된 트렌드의 특징과 소비자 인사이트를 바탕으로, 마케팅 전략 방향성과 新상품/서비스 아이디어 제안
- ◆ 트렌드의 지속 가능성 및 파급력 예측, 기업의 장기적 대응 전략 수립의 기반 제공
- ◆ 불확실성의 시대, 빅데이터 기반의 선제적 대응만이 유통 기업의 미래를 보장한다는 메시지 강조

이 프롬프트를 보시니 무엇이 떠오르시나요? '아하, 이렇게 주제와 배경, 분석 절차를 정리하니 트렌드 분석이라는 난제에 한결 자신감이 생기는걸!' 바로 이 마법 같은 순간, TOPREC-Prompt의 힘이 발휘되는 거죠.

특히 Origin에서 유통 패러다임의 대전환을 촉발하는 메가 트렌드를 짚어준 점, Reason을 통해 선제적 트렌드 대응의 중요성을 역설한 부분 등은 프로젝트의 전략적 방향성을 제시한다는 점에서 인상 깊었어요.

무엇보다 마지막 Conclusion에서 불확실성의 시대, 데이터에 기반한 혁신만이 유통 기업의 생존 전략이 될 수 있다고 힘주어 말한 대목! 거기에선 프롬프트 작성자의 절실함과 혜안이 고스란히 느껴지더군요.

이제 우리가 해야 할 일은 명확해졌습니다. 바로 이 TOPREC-Prompt에 우리만의 색깔을 입혀 트렌드 분석의 날개를 달아주는 거예요. 그 비행을 함께 상상해 볼까요?

먼저 Topic은 "국내 유통 빅3 A, B, C사 고객 데이터 분석을 통한 MZ세대 新트렌드 3가지 도출"처럼 좀 더 구체화해 볼 수 있겠죠.

Origin에서는 국내 유통업계의 당면 과제와 데이터 혁신 니즈를 보다 상세히 짚어주는 게 좋겠어요. "오프라인 매장 트래픽 급감으로 적신호가 켜진 상황에서, 온라인 플랫폼 기반의 빅데이터 마케팅 전략 수립이 새로운 활로" 같은 식이요.

이어 Process에서는 "국내 유통 빅3사 보유 빅데이터(구매 내역, 온라인 행동 데이터 등)에 외부 데이터(SNS, 검색 데이터 등)를 결합한 융복합 분석" 등 데이터 분석 로드맵을 구체적으로 제시해 보는 거예요.

사례는 어떨까요? 최근 글로벌 유통 혁신 사례로 "아마존의 예측 기반 상품 추천 서비스가 구매 전환율을 30% 높인 사례" 등을 들면 데이터 기반 유통 혁신의 블루오션을 설득력 있게 제시할 수 있겠네요.

끝으로 Conclusion에서 "MZ 트렌드를 先예측한 데이터 기반 유통 전략 수립이 新시장 선점의 golden time"이라는 메시지를 담아 마무리의 강렬함을 더해 보세요.

이렇게 TOPREC-Prompt에 생생한 맥락을 녹여내는 과정, 어렵지 않죠? 의외로 굉장히 재미있는 작업이 될 수 있어요. 단순히 형식을 채우는 게 아니라, 내가 풀어내고 싶은 문제의 맥락을 곱씹으며 창의적 사고를 즐기는 거니까요.

자, 이제 여러분이 새롭게 완성한 TOPREC-Prompt를 AI 도구에 입력해 보세요. 어떤 새로운 통찰을 얻게 될지 너무나 기대되네요.

여러분의 트렌드 분석 항해를 돕는 나침반, TOPREC-Prompt! 이 나침반을 따라 빅데이터의 바다를 자유 자재로 누비다 보면 어느새 여러분은 新트렌드를 꿰뚫어 보는 프로 인사이터가 되어 있을 거예요.

그 멋진 항해를 지금, 바로 시작해 보시는 건 어떨까요? 여러분 모두가 빅데이터 시대를 선도하는 트렌드 분석 히어로로 거듭나길 진심으로 응원하겠습니다.

다음 시간에는 또 어떤 영역에서 TOPREC-Prompt의 마법을 만나게 될까요? 두근거리는 마음으로 다음 에피소드를 기다려 주세요. 그럼 프롬프트 히어로 여러분, 모두 파이팅입니다!

3

일상에서 만나는 탑렉(TOPREC) 솔루션
: 창의적 사고로 삶을 혁신하다

3.1
아침 루틴에 적용하는 탑렉(TOPREC) 솔루션
: 하루를 창의적으로 시작하는 법

아침은 하루를 여는 결정적인 순간입니다. 단순히 하루의 시작일 뿐만 아니라, 우리 삶의 방향타를 잡는 중요한 시간이죠. 그런데 많은 분들이 아침을 그저 해야 할 일들로 뒤덮인 눈앞의 현실에만 급급한 채 보내고 있지는 않으신가요?

하지만 잠깐! 바로 그 순간이야말로 우리가 가장 놓치지 말아야 할 황금 같은 시간이랍니다. 바쁘게 흘러가는 하루 속에서 오직 '나'에게만 온전히 집중할 수 있는 특별한 시간. 마음을 가다듬고, 창의성을 깨우며, 행복한 에너지를 채우는 소중한 기회의 시간 말이에요.

자, 이제 탑렉(TOPREC) 솔루션과 함께 아침 시간을 되찾아 볼 시간입니다. 창의적 아침 루틴으로 하루를, 그리고 내 삶을 바꿔나가 보아요!

먼저 오늘의 Topic(주제)을 정해 봅시다. 마치 좋아하는 책의 제목을 고르듯, 내 마음을 설레게 하고 긍정 에너지를 주는 주제를 정하는 거예요. '감사하며 시작하는 하루', '행복에너지로 가득찬 화요일' 처럼 구체적이고 긍정적인 키워드를 담아 보세요.

이제 그 주제의 Origin(기원), 내가 왜 이 주제에 끌렸는지 생각해 봐요. 최근 부정적인 감정에 사로잡혀 있었던 자신을 되돌아보게 되었나요? 아니면 주변에서 긍정 에너지를 받은 일이 있었나요? 주제에 담긴 나만의 의미를 곱씹어 보세요.

그럼 오늘의 주제를 실천할 구체적인 Process(과정)를 떠올려 볼까요? 아침에 감사 일기 쓰기, 명상하며 좋아하는 음악 듣기, 사랑하는 사람들에게 응원의 메시지 보내기 등 나를 행복하게 할 다섯 가지 일을 계획해 보세요.

이 모든 과정에는 분명 이유가 있겠죠. 바로 Reason(이유)입니다. 스스로에게 질문해 보세요. 내가 이런 아침을 보내고자 하는 근본적인 이유는 무엇일까? 과연 내가 바라는 삶의 모습은 어떤 것일까? 그 답을 마음속에 새기며 실천 의지를 불태워 보세요.

혹시 창의적 아침을 보내는 롤모델이 떠오르시나요? 아니면 영감을 주는 좋은 글귀나 영상이 있으신가요? 그런 Example(사례)들을 떠올리며 동기부여를 해 보는 것도 좋아요. 멋진 아침을 그려나가는 여러분 자신이 바로 가장 훌륭한 본보기라는 사실도 잊지 마세요!

자, 이제 좋은 느낌으로 가득 찼나요? 여러분의 창의적 아침 루틴, Conclusion(결론)으로 정리해 볼까요? 따뜻한 커피 한 잔의 여유와 함께 오늘 실천할 루틴을 떠올려 보세요. 설레는 마음으로 종이에 적어보고, 작은 목소리로 읊어 보며 긍정의 힘을 북돋워 보는 거예요.

〈TOPREC 아침 루틴 실천 워크북〉

Step 1. 내 삶을 바꿀 오늘의 Topic(주제) 정하기
(예시) 사랑과 감사로 가득 찬 행복한 수요일
나만의 주제:

Step 2. 주제 선택의 Origin(계기) 떠올리기
(예시) → 주말에 가족들과 보낸 시간이 너무나 소중했던 기억에 감사함을 느껴서
나의 Origin:

Step 3. 실천할 창의적 Process(과정) 계획하기

(예시)

① 아침에 눈뜨자마자 감사 일기 쓰기

② 가족에게 사랑한다는 메시지 보내기

③ 출근길에 즐거운 음악 듣기

④ 점심 식사 후 짧은 산책하기

⑤ 동료 한 명 이상 칭찬하기

나의 오늘 실천 계획:

①

②

③

④

⑤

Step 4. 이 주제가 가진 나만의 Reason(이유) 마음에 새기기

(예시) 사랑하는 사람들과 함께 하는 일상 자체가 가장 큰 행복이자 감사의 이유라는 것을 잊지 않기 위해서

나의 Reason:

Step 5. 롤모델이 되어줄 Example(사례) 찾아보기

(예시) 매일 감사 일기를 쓰며 긍정 에너지를 유지하는 엄마의 모습을 본받고 싶어서

나의 Example:

Step 6. 오늘의 다짐, Conclusion(결론) 적어보기

(예시) '사랑하고 감사하는 마음으로 오늘 하루를 행복하게 보내겠습니다!'

나의 Conclusion:

〈나의 TOPREC 아침 루틴 체크리스트〉
- [ ] 아침에 일어나자마자 감사 일기 쓰기
- [ ] 가족에게 사랑의 메시지 보내기
- [ ] 출근길에 기분 좋은 음악 듣기
- [ ] 점심시간을 이용해 가벼운 산책하기
- [ ] 함께 일하는 동료들의 장점 찾아 칭찬하기

지금 당장 종이와 펜을 들고 여러분만의 TOPREC 아침 루틴을 완성해 보세요. 그리고 내일 아침, 설레는 마음으로 하루를 열어 보는 거예요. 작은 실천의 시작이지만, 이 다섯 가지 액션 플랜은 여러분의 하루를 행복과 기적으로 채워줄 거예요. 물론 매일 실천이 쉽진 않을 거예요. 하지만 조금씩, 천천히 해나가다 보면 어느새 창의적 아침 루틴은 내 삶의 소중한 습관으로 자리 잡을 거예요. 자, 지금부터 TOPREC 아침 루틴으로 하루를 설계해 보는 연습, 시작해 볼까요? 내 안의 긍정적 변화는 바로 이 순간부터 시작된답니다!

〈 TOPREC 아침 루틴 자동 작성 프롬프트 〉

안녕, 너의 이름은 TOPREC 아침 루틴 코치야. 너는 사람들이 창의적이고 긍정적인 하루를 시작할 수 있도록 맞춤형 아침 루틴을 제안하는 역할을 해. 내가 지금부터 줄 정보를 바탕으로 TOPREC 아침 루틴 실천 워크북을 완성해 줘.

1. 먼저 아침 루틴의 Topic(주제)는 [감사, 사랑, 도전, 성장, 행복, 평화, 열정, 건강, 자신감, 희망] 중에서 [   ]이다. 그 외 주제도 구체적이고 긍정적인 키워드를 담고 있어야 해.

2. 다음으로 그 주제를 선택한 Origin(계기)을 짧게 설명해 줘. 최근의 경험이나 깨달음 중에서 영감을 준 내용으로 [책/영화/강연, 일상의 소소한 깨달음, 주변 사람들과의 경험, 자연 속에서의 느낌, 새로운 도전을 시작하면서 받은 영감 등]에서 골라줘.

3. 이제 Topic을 실천할 다섯 가지 Process(과정)를 제시해 줘. 아침에 할 수 있는 구체적이고 창의적인 액션 플랜으로 [명상, 감사 일기, 독서, 스트레칭, 산책, 가벼운 운동, 사랑하는 사람에게 메시지 보내기, 하루 계획 세우기, 긍정적인 아침 문구 되뇌기 등]에서 골라서 구성해 줘.

4. 그리고 이 루틴을 실천하려는 Reason(이유)을 명확히 제시해 줘. [스트레스 해소, 행복感 증진, 감사하는 습관 기르기, 창의력 향상, 집중력 강화, 긍정적 마인드셋 갖기, 관계 개선, 생산성 향상, 자기 성찰 등]과

같이 삶의 긍정적 변화와 연결지어서 설명해 줘.

5. 이 주제와 관련해서 영감을 줄 만한 Example(사례)도 3개 들어줘. [유명인의 아침 루틴, 자기계발서의 한 구절, 영감을 주는 명언, 성공한 사람들의 습관, 주변 사람의 감동적인 사례 등] 중에서 어떤 것이든 좋아.

6. 마지막으로 Conclusion(결론)을 심플하고 임팩트 있는 한 문장으로 정리해 줘. 내일 아침의 다짐 문장이 되면 좋겠어.
(예시: 오늘 하루도 [ ]으로 가득 채우자! / [ ]은 내 삶의 원동력이다! / 나는 매일 [ ]을 실천하는 사람이다!)

이상의 내용을 'TOPREC 아침 루틴 실천 워크북' 템플릿에 맞춰 멋지게 완성해 줘. 그리고 체크리스트 [5]개도 잊지 말고 함께 만들어.

3.2

TOPREC으로 심화하는 가계부 정리
: 새로운 시각으로 재정을 바라보다

가계부, 다들 한 번쯤 써보려 결심했다가 몇 번 쓰지 않고 포기한 경험 있으시죠? 어떻게 하면 돈 관리를 잘할 수 있을까 고민하지만 막상 실천으로 옮기기가 쉽지 않은 게 사실이에요. 하지만 가계부 작성은 건강한 재정 생활의 시작이자 필수 과정이랍니다. 체계적으로 수입과 지출을 들여다보고 관리하는 습관만 잡혀도 인생이 풍요로워지는 걸 느낄 수 있을 거예요.

바로 여기, 가계부 정리에 날개를 달아줄 혁신적인 방법이 있습니다. 탑렉(TOPREC) 솔루션을 활용하는 거예요. Topic(주제), Origin(기원), Process(과정), Reason(이유), Example(사례), Conclusion(결론)의 6단계 사고 과정을 따라가다 보면 지루하기만 했던 가계부 정리가 마법처럼 재미있고 값진 시간으로 변하게 될 거예요. 어떻게 하면 일상에서 탑렉(TOPREC) 솔루션을 가계부에 적용할 수 있을까요?

먼저 가계부 정리의 Topic(주제)을 정해야겠죠. 추상적인 '가계부 쓰기'보다는 구체적이고 실천 가능한 목표를 세워보는 건 어떨까요? '현명한 소비습관 기르기', '나만의 돈 관리 노하우 만들기' 같은 주제라면 가계부 쓰기에 더 몰입할 수 있을 거예요.

그 다음엔 가계부 쓰기를 결심하게 된 Origin(기원)을 짚어 보세요. 충동구매가 잦아져서 고민이 됐던 걸까요? 아니면 미래를 위한 저축이 부족하다는 불안감 때문이었나요? 가계부 쓰기의 동기를 분명히 인지하는 일은 실천 의지를 북돋우는 원동력이 된답니다.

본격적인 가계부 쓰기 Process(과정)도 꼼꼼히 계획해 볼까요? 수입과 고정 지출 파악하기, 변동 지출 항목 나누기, 주별/월별 소비 점검하기, 불필요한 지출 줄이기 등 가계부 작성의 실천 과제를 단계별로 나눠 보세요. 이 과정을 미리 그려보는 것만으로도 막연한 부담감은 한결 가벼워질 거예요.

여기서 우리가 진짜 놓치지 말아야 할 부분이 있어요. 바로 Reason(이유)이에요. 내가 왜 가계부를 쓰려고 하는지, 그 이유를 항상 되새기는 거예요. 단순히 지출을 줄이려고? 저축 목표를 달성하기 위해? 소비 습관을 바로잡고 싶어서? 가계부 쓰기의 이유를 마음에 새기는 일은 지속하는 힘을 줍니다.

어려울 때는 활용할 만한 Example(사례)도 찾아보는 것이 도움 될 거예요. 1년간 가계부 쓰기로 천만 원을 모은 블로거, 매일 실천하는 제로웨이스트 챌린지까지! 나와 비슷한 상황에서 가계부 쓰기로 삶의 변화를 만든 멋진 사례들이 여러분께 영감을 줄 거예요.

이렇게 탑렉(TOPREC) 여정을 따라 걸어가다 보면 어느새 Conclusion(결론)에 다다르게 될 거예요. 가계부 정리는 돈 관리를 넘어 나 자신과 마주하는 소중한 시간. 진정 가치 있는 것에 우선순위를 두고 현명하게 선택하는 힘을 기를 수 있는 기회라는 깨달음 말이에요. 이제 이런 마음가짐으로 실천 계획을 세워 보세요. 구체적일수록 실행력도 높아진답니다.

물론 계획대로 한 번에 되지 않을 수 있어요. 때로는 포기하고 싶은 유혹에 흔들릴 때도 있겠죠. 하지만 쉽게 좌절하지 마세요. 변화는 한 번의 큰 결심이 아닌 작은 실천의 積이에요. 조금씩, 천천히, 그렇지만 꾸준히 실행하다 보면 어느새 가계부는 내 일상에 자연스럽게 스며들어 있을 거예요.

자, 이제 용기 내어 한 걸음 내디뎌 볼까요? 펜을 들고 Topic을 적어 보는 것에서부터 시작해요. 내 마음에 다가온 Origin을 붙잡고, 하나씩 Process를 그려가며, 의미 있는 Reason을 되뇌이고, 멋진 Example에 영감을 얻어 보세요.

〈TOPREC 가계부 작성 워크북〉

Step 1. Topic(주제) 정하기
(예시) 현명한 소비 습관으로 삶의 질 높이기

나의 가계부 작성 Topic:

Step 2. Origin(기원) 살피기
(예시) 일주일에 두어 번씩 충동구매를 하는 내 소비 습관이 걱정돼서

나의 가계부 작성 Origin:

Step 3. Process(과정) 세우기
(예시)
① 고정 지출과 변동 지출 항목 나누기
② 지출 영수증 모으고 매일 가계부에 기록하기
③ 주별 지출 내역 점검하며 불필요한 지출 파악하기
④ 충동구매 유혹 떨쳐내기 위한 대안 활동 정하기
⑤ 한 달에 한 번 재정 상태 점검하고 새 목표 세우기

나의 가계부 작성 Process:

①

②

③

④

⑤

Step 4. Reason(이유) 되새기기

(예시) 내가 정말 가치 있게 여기는 것에 돈을 쓰며 후회 없는 삶을 살고 싶어서

나의 가계부 작성 Reason:

Step 5. Example(사례) 찾아보기

(예시) 가계부 쓰기로 1년 만에 300만 원을 모은 언니처럼 되고 싶어서

나의 동기부여 Example:

Step 6. Conclusion(결론) 내리기

(예시) 현명한 소비로 스스로를 존중하고 미래를 준비하는 멋진 사람이 되겠습니다!

나의 Conclusion:

〈가계부 작성 TOPREC 체크리스트〉

◆ [ ] 고정 지출, 변동 지출 분류하기

- [ ] 매일 가계부 쓰기(영수증 모으기)
- [ ] 주별 지출 내역 점검하기
- [ ] 불필요한 지출 줄일 대안 정하기
- [ ] 한 달에 한 번 재정 리뷰하기

이제 막연하게만 느껴졌던 가계부 쓰기가 조금 설레지 않나요? 그 설렘을 잃지 말고 바로 오늘, TOPREC 가계부 첫 페이지를 써 내려가 보는 건 어떨까요?

가계부를 쓰다 보면 숫자 너머에 숨겨진 내 삶의 가치를 발견할 수 있어요. 스스로를 더 깊이 이해하고, 삶에 대한 통제력을 높이며, 미래를 준비하는 기쁨까지. 가계부 한 줄 한 줄이 그려갈 여러분의 새로운 인생 스토리를 응원합니다. 자, 이제 탑렉(TOPREC) 가계부로 풍요로운 내 삶을 디자인해 볼까요?

〈 TOPREC 가계부 자동 작성 프롬프트〉

안녕, 너의 이름은 TOPREC 가계부 작성 코치야. 너는 사람들이 현명하고 의미 있는 소비 습관을 기를 수 있도록 맞춤형 가계부 작성법을 제안하는 역할을 해. 내가 지금부터 줄 정보를 바탕으로 TOPREC 가계부 작성 실천 워크북을 완성해 줘.

1. 먼저 가계부 작성의 Topic(주제)는 [현명한 소비습관 기르기, 나만의 돈 관리 노하우 만들기, 미래를 위한 저축 습관 들이기, 건강한 소비 마인드셋 갖기, 지출 관리로 인생 관리하기] 중에서 [   ]이다. 그 외 주제도 구체적이고 실천 가능한 키워드를 담고 있어야 해.

2. 다음으로 그 주제를 선택한 Origin(계기)을 짧게 설명해 줘. 최근의 경험이나 깨달음 중에서 영감을 준 내용으로 [충동구매로 인한 재정적 어려움, 미래 대비의 부족함, 주변 사람들의 건전한 소비 생활, 금전적 자유에 대한 갈망, 새로운 재테크 도전 의지 등]에서 골라줘.

3. 이제 Topic을 실천할 다섯 가지 Process(과정)를 제시해 줘. 가계부를 효과적으로 작성할 수 있는 구체적이고 창의적인 실천 계획으로 [수입과 고정 지출 파악하기, 변동 지출 항목 나누기, 주별/월별 소비 점검하기, 불필요한 지출 줄이기, 저축 계획 세우기, 현금 사용하기, 지출 패턴 분석하기 등]에서 골라서 구성해 줘.

4. 그리고 이 가계부 작성을 실천하려는 Reason(이유)을 명확히 제시해 줘. [현명한 소비로 삶의 질 높이기, 나의 소비 습관 되돌아보기, 미래를 위한 안정적 재정 기반 마련하기, 건강한 금전 마인드 갖기, 재정 목표 달성하기 등]과 같이 삶의 긍정적 변화와 연결지어서 설명해 줘.

5. 이 주제와 관련해서 영감을 줄 만한 Example(사례)도 3개 들어줘. [알뜰 소비로 유명한 연예인의 금전 관리법, 베스트셀러 자기계발서의 한 구절, 가계부 작성으로 재정 자유를 이룬 사례, 저축 습관으로 성공한

사람들의 이야기, 지인의 감동적인 소비 절제 사례 등] 중에서 어떤 것이든 좋아.

6. 마지막으로 Conclusion(결론)을 심플하고 임팩트 있는 한 문장으로 정리해 줘. 오늘부터 시작할 가계부 작성의 다짐 문장이 되면 좋겠어.
(예시: 오늘부터 가계부 쓰기로 [ ]을 이뤄내는 사람이 되겠다! / 현명한 소비는 곧 [ ]와 직결된다! / [ ]은 곧 가계부 작성으로부터 시작된다!)

이상의 내용을 'TOPREC 가계부 작성 실천 워크북' 템플릿에 맞춰 멋지게 완성해 줘. 그리고 실천 체크리스트 [5]개도 잊지 말고 함께 만들어.

3.3
공간 정리에 도입하는 TOPREC 전략
: 집안 가꾸기에서 인생 가꾸기로

우리 집은 우리 삶의 축소판이라고 해요. 내 집이 어떤 모습인지 들여다보면 내 삶의 상태를 짐작할 수 있죠. 집안이 어수선하고 잡동사니로 가득하다면 마음속까지 어딘가 엉켜 있는 듯한 불편함을 느끼곤 합니다. 반면 정돈된 집안에 들어서면 내 삶에 긍정 에너지가 샘솟는 듯 가벼워지곤 하죠.

정리정돈의 힘을 알지만 그 과정이 쉽지만은 않죠. 버려야 할 물건을 선별하는 게 쉽지 않고, 한 번 치우고 나면 다시 금세 어질러지기 일쑤니까요. 하지만 정리정돈만큼 눈에 띄는 변화를 주는 것도 없어요. 내 삶의 공간을 정리하는 일, 무엇부터 어떻게 시작해야 할지 고민되시나요?

여기, 집안 정리정돈에 활력을 불어넣어 줄 똑똑한 전략이 있습니다. 바로 TOPREC 프로세스예요. Topic(주제), Origin(기원), Process(과정), Reason(이유), Example(사례), Conclusion(결론), 이 6단계 사고법과 프레임워크를 정리정돈에 적용하면 지금껏 느껴보지 못한 정리의 즐거움과 성취감을 맛볼 수 있을 거예요. 어떻게 하면 일상에서 탑렉(TOPREC) 솔루션을 정리정돈에 녹여낼 수 있을까요?

일단 집안 정리의 Topic(주제)을 명확히 해야겠죠. 추상적인 '집 정리'보다는 구체적이고 실천 가능한 목표를 세워보는 건 어떨까요? '옷장 속 잠자는 옷 50% 줄이기', '책상 위 작업 공간 60% 확보하기' 같은 주제라면 동기부여도 더 잘 될 거예요.

그 다음엔 내가 이 정리에 뛰어들게 된 Origin(기원)을 되짚어 보세요. 찾는 물건 때문에 늘 시간을 낭비하는 게 스트레스였나요? 아니면 어질러진 공간 때문에 창의력이 떨어지는 것 같아 걱정되던 걸까요? 내면의 동기를 직시하는 일은 정리를 지속하는 원동력이 될 거예요.

본격적인 공간 정리 Process(과정)도 단계별로 그려볼까요? 정리할 공간 선정하기, 물건을 쓰임새에 따라 분류하기, 안 쓰는 물건 버리기, 수납 공간 지정하기, 주기적으로 점검하기 등 실천 과제를 세분화해 보세요. 머릿속으로 그려보는 것만으로도 정리 공포증은 한결 줄어들 거예요.

흔히 간과하기 쉬운 게 정리 Reason(이유)을 끊임없이 자신에게 묻는 일이에요. 내가 왜 이 공간을 정리하려 하는지, 그 이유를 수시로 되새겨 보는 거예요. 업무 효율을 높이고 싶어서? 가족들과 더 좋은 시간을 보내고 싶어서? 정리정돈 동기를 마음에 새기는 일은 우리에게 지속할 힘을 줍니다.

어려울 때는 정리정돈의 영감을 줄 Example(사례)을 찾아보는 것도 도움이 돼요. 극적인 비포 애프터 사진들, 정리의 달인으로 불리는 전문가의 팁, 책이나 영상으로 만나는 정리 노하우까지. 선례를 참고하는 건 지혜로운 시작이에요. 단, 그들을 따라 하기보다 나만의 방식을 찾는 데 주안점을 두세요.

이렇게 탑렉의 6단계를 밟아 나가다 보면 어느덧 정리정돈에 대한 Conclusion(결론)에 이르게 될 거예요. 물건을 정리하는 일은 결국 나를 돌아보는 시간. 내 삶에서 진정 중요한 것이 무엇인지, 어떤 가치에 우선순위를 둘지 성찰하게 된다는 깨달음 말이에요. 이런 통찰을 바탕으로 앞으로의 실천 다짐을 세워 보세요. 구체적일수록 좋아요.

물론 계획대로 척척 되진 않겠죠. 때로는 손이 멈칫거릴 때도 있어요. 하지만 포기하진 마세요. 변화는 한 번에 오는 게 아니라 작은 실천의 누적이라는 걸 잊지 말아요. 조금씩, 천천히, 그렇지만 꾸준히 해나가다 보면 어느새 정리정돈은 일상의 자연스러운 일부가 되어 있을 거예요.

이제 용기를 내어 정리의 첫걸음을 떼 볼까요? 먼저 Topic을 정해 보는 것에서 시작해 보세요. 내 안에 스며든 Origin을 직시하고, Process를 하나씩 그려가며, 되뇌는 Reason의 힘을 믿고, 동기부여가 될 Example을 수집해 보는 거예요.

〈TOPREC 공간 정리 실천 워크북〉

Step 1. Topic(주제) 정하기
(예시) 옷장 속 잠자는 옷 50% 줄이기
나의 공간 정리 Topic:

Step 2. Origin(기원) 마주하기
(예시) 아침마다 입을 옷 고르느라 늘 시간에 쫓기는 내 모습이 안쓰러워서
나의 공간 정리 Origin:

Step 3. Process(과정) 그려보기

(예시)

① 옷장 속 모든 옷 꺼내서 침대 위에 펼쳐놓기

② 최근 1년간 입지 않은 옷 가려내기

③ 입지 않을 옷 기부할 것/버릴 것으로 나누기

④ 옷을 카테고리 및 색상별로 구분해서 넣기

⑤ 수납 박스 활용해 옷 보관하기

나만의 정리정돈 Process:

①

②

③

④

⑤

Step 4. Reason(이유) 되새기기

(예시) 아침 시간을 아끼고 싶어서 / 내가 진짜 좋아하는 옷만 갖고 싶어서

나의 공간 정리 Reason:

Step 5. Example(사례) 찾아보기

(예시) 심플 라이프를 실천하는 미니멀리스트들의 옷장 사례를 찾아봄

나에게 영감을 줄 Example:

Step 6. Conclusion(결론) 내리기

(예시) 내게 정말 필요한 것만 깔끔하게 갖춘 옷장으로 매일 설레는 하루를 열어갈 거야!

나의 정리정돈 Conclusion:

〈정리정돈 TOPREC 체크리스트〉
- [ ] 정리할 공간을 구체적으로 정하기
- [ ] 불필요한 물건 가감 없이 버리기
- [ ] 자주 쓰는 물건은 잘 보이는 곳에 두기
- [ ] 새로운 수납 규칙 세우고 습관화하기
- [ ] 주기적으로 점검하고 유지하기

정리정돈이 이제 조금은 즐거운 일이 되었나요? 두려움은 내려놓고 기대감을 안고 오늘의 한 공간, TOPREC 정리술로 새 단장을 시작해 보세요.

집을 정리하는 과정은 결국 내 삶을 돌아보는 과정이기도 해요. 내가 무엇에 가치를 두는지, 어떤 인생을 살고 싶은지. 정리의 시간 속에서 삶의 방향성을 재정립하게 될 거예요. 공간의 변화를 넘어 삶의 변화까지. 그 경이로운 경험의 순간들이 여러분을 기다리고 있어요.

이제 탑렉(TOPREC) 전략으로 정리의 신세계로 출발해 볼까요? 집 정리는 곧 인생 가꾸기로 통하는 놀라운 항해. 그 멋진 모험의 닻을 올릴 준비, 되셨나요?

〈 TOPREC 공간 정리 자동 작성 프롬프트 〉

안녕, 너의 이름은 TOPREC 공간 정리 코치야. 너는 사람들이 정리정돈의 힘으로 삶을 변화시킬 수 있도록 맞춤형 정리법을 제안하는 역할을 해. 내가 지금부터 줄 정보를 바탕으로 TOPREC 공간 정리 실천 워크북을 완성해 줘.

먼저 정리정돈의 Topic(주제)는 [옷장, 책상과 서랍, 주방, 현관, 아이 방] 중에서 [　　]이다. 그 외 주제도 구체적이고 실천 가능한 공간이어야 해.

다음으로 그 주제를 선택한 Origin(계기)을 짧게 설명해 줘. 최근의 경험이나 깨달음 중에서 영감을 준 내용으로 [물건이 넘쳐나 답답함을 느낀 순간, 정리의 힘을 믿게 된 계기, 삶의 변화가 절실해진 시점, 새로운 출발을 다짐하며 공간 정리를 결심한 이유 등]에서 골라줘.

이제 Topic을 실천할 다섯 가지 Process(과정)를 제시해 줘. 정리정돈을 효과적으로 할 수 있는 구체적이고 창의적인 실천 계획으로 [공간별로 물건 분류하기, 처분할 물건 선별하기, 수납 규칙 정하기, 새로 구입할 수납 용품 정하기, 주기적 점검 계획 세우기 등]에서 골라서 구성해 줘.

그리고 이 공간 정리를 실천하려는 Reason(이유)을 명확히 제시해 줘. [마음의 안정을 되찾고 싶어서, 새로운 취미 공간이 필요해서, 아이들에게 깨끗한 환경을 만들어 주고 싶어서, 손님을 맞기에 부끄럽지 않은 집을 만들고 싶어서 등]과 같이 삶의 긍정적 변화와 연결지어서 설명해 줘.

이 주제와 관련해서 영감을 줄 만한 Example(사례)도 3개 들어줘. [유명인의 집 정리 전후 사진, 정리의 힘으로 인생이 바뀐 사례, 내가 참고하고 싶은 정리 팁을 소개한 책이나 블로그 글, 주변 지인 중 정리 달인의 사례 등] 중에서 어떤 것이든 좋아.

마지막으로 Conclusion(결론)을 심플하고 임팩트 있는 한 문장으로 정리해 줘. 앞으로의 정리 습관에 대한 다짐 문장이 되면 좋겠어.

(예시: 앞으로 매일 [ ] 분씩 정리하며 나를 가꿔갈 거야! / 정리정돈은 곧 [ ]을/를 위한 발걸음이야! / 나는 이제 정리를 통해 매일 [ ]을/를 경험하는 사람이 될 거야!)

이상의 내용을 'TOPREC 공간 정리 실천 워크북' 템플릿에 맞춰 멋지게 완성해 줘. 그리고 실천 체크리스트 [5]개도 잊지 말고 함께 만들어 줘.

3.4
자녀 교육에 활용하는 TOPREC 사고
: 창의적 자녀 양육의 나침반

우리 아이를 창의적인 인재로 키우고 싶지만 막상 어떻게 해야 할지 막막하기만 하시죠? 입시 위주의 교육 현실 속에서 아이의 창의성을 일깨우는 게 쉽지만은 않은 게 사실이에요. 하지만 자녀 교육의 핵심은 지식 전달이 아닌 사고력 계발에 있어요. 생각하는 힘을 길러주는 것, 그것이 창의적 인재 양성의 시작이랍니다.

바로 여기, 자녀 교육에 날개를 달아줄 혁신적인 방법이 있습니다. 탑렉(TOPREC) 솔루션을 활용하는 거예요. Topic(주제), Origin(기원), Process(과정), Reason(이유), Example(사례), Conclusion(결론)의 6단계 사고 과정을 따라가다 보면 막연했던 자녀 교육의 방향이 선명해지고, 아이의 잠재력을 일깨우는 길이 보일 거예요. 일상에서 어떻게 TOPREC 사고를 적용할 수 있을까요?

우선 자녀 교육의 Topic(주제)을 명확히 해야겠죠. 막연한 "공부 잘하는 아이 만들기"보다는 구체적이고 실현 가능한 목표를 세워 보는 건 어떨까요? "창의적 문제해결력 기르기", "자기주도 학습 능력 향상시키기" 같은 주제라면 방향성이 더 뚜렷해질 거예요.

그 다음엔 내가 이런 교육 방향을 선택하게 된 Origin(기원)을 짚어 보세요. 성적에 매몰돼 아이의 스트레스를 간과했던 건 아닐까요? 미래 교육의 화두가 창의성이라는 기사를 보고 깨달음을 얻었나요? 근본적 동기를 마주하는 것만으로도 교육관이 한층 깊어질 거예요.

이제 구체적인 창의 교육 Process(과정)를 설계해 볼까요? 매일 아이와 대화하며 사고력 자극하기, 다양한 경험과 흥미 영역 접하게 하기, 탐구 활동 격려하기 등 실행 가능한 플랜을 세워 보세요. 이 과정을 머릿속에 그리는 것만으로도 추상적 두려움은 한결 가벼워질 거예요.

여기서 우리가 꼭 붙잡아야 할 게 있어요. 왜 창의 교육을 하려는지 그 Reason(이유)이에요. 아이의 행복을 위해? 변화하는 미래를 대비하기 위해? 부모로서의 가치관을 지키고 싶어서? 교육의 이유를 자주 되새기는 일, 그것이 우리를 지탱하는 힘이 될 거예요.

혹시 창의 교육의 롤모델이 있으신가요? 자기주도 학습으로 빛나는 아이들, 탐구 중심 수업으로 아이들을 꽃피운 선생님처럼요. 그런 Example(사례)에서 영감을 얻어 보세요. 하지만 그들을 그대로 모방하진 마세요. 우리 아이에게 맞는 길을 찾는 게 핵심이랍니다.

자, 이제 지금까지의 고민을 녹여 Conclusion(결론)을 내려 볼 시간이에요. 나만의 창의 교육 원칙 몇 가지를 세워 보는 거예요. "즐기는 아이가 크는 아이다", "질문을 격려하는 게 곧 창의 교육이다", "실수는 성장의 자양분이다" 같은 원칙 말이에요. 이 원칙을 나침반 삼아 한 걸음씩 전진해 나가 보세요.

물론 하루아침에 모든 게 바뀌진 않아요. 가끔 흔들리고 포기하고 싶을 때도 있겠죠. 하지만 조급해하지 마세요. 작은 실천을 쌓아가다 보면 어느새 아이의 눈빛이 반짝반짝 빛나고 있을 거예요.

자, 이제 TOPREC 사고로 창의 교육에 도전해 볼까요? 오늘부터 바로 Topic을 정하고, Origin을 마주하며, 실천 Process를 그려가 보는 거예요. 가슴 벅찬 Reason을 되뇌며, 영감 주는 Example을 움켜쥐고 앞으로 나아가 봅시다.

〈창의적 자녀 교육을 위한 TOPREC 사고 적용 워크북〉

Step 1. Topic(주제) 정하기
(예시) 매일 아이와 대화하며 생각하는 힘 길러주기
나의 자녀 교육 Topic:

Step 2. Origin(기원) 마주하기
(예시) 지식 암기 위주의 교육에 회의감을 느끼며 근본적 변화의 필요성을 깨달았다
나의 창의 교육 방향 전환의 Origin:

Step 3. Process(과정) 설계하기
(예시)
① 매일 30분 이상 대화하며 사고력 자극하기
② 다양한 책을 함께 읽고 깨달음 나누기
③ 관심사 탐구 활동 적극 지원하기
④ 궁금증을 격려하고 질문 많이 하기
⑤ 실수를 수용하고 도전 응원하기
나만의 창의 교육 Process:
①
②
③
④
⑤

Step 4. Reason(이유) 되새기기

(예시) 변화무쌍한 미래를 개척할 창의적 인재로 자라주길 바라는 마음에서

나의 창의 교육 Reason:

Step 5. Example(사례) 찾아보기

(예시) 호기심 따라 탐구하며 빛나는 아이들의 다큐멘터리를 보고 가능성을 확인함

나에게 영감을 주는 Example:

Step 6. Conclusion(결론) 내리기

(예시) "즐겁게 탐구하고 새로움에 도전하는 태도가 곧 창의성이다"를 믿고 아이와 함께 성장하는 부모 되기!

나의 창의 교육 원칙 Conclusion:

〈창의적 자녀 교육 TOPREC 체크리스트〉

- ◆ [ ] 대화로 사고력 자극하기
- ◆ [ ] 책 읽고 생각 나누기
- ◆ [ ] 아이 주도 탐구 응원하기
- ◆ [ ] 질문하는 습관 길러주기
- ◆ [ ] 실수해도 괜찮다고 안심시켜주기

이제 여러분도 TOPREC 창의 교육으로 아이의 무한한 가능성을

꽃피워 보세요. 호기심 가득한 눈빛, 즐거운 배움의 발걸음으로 우리 아이가 자신만의 길을 개척해 나가게 말이죠. 창의적 인재로 영글어갈 아이의 성장을, 부모의 마음으로 응원하는 여러분을 진심으로 응원합니다!

〈 TOPREC 공간 정리 자동 작성 프롬프트 〉

안녕, 너의 이름은 TOPREC 자녀 교육 코치야. 너는 부모들이 창의적이고 효과적으로 자녀를 교육할 수 있도록 맞춤형 교육 전략을 제안하는 역할을 해. 내가 지금부터 줄 정보를 바탕으로 TOPREC 자녀 교육 실천 워크북을 완성해 줘.

1. 먼저 자녀 교육의 Topic(주제)는 [창의력 계발, 자기주도 학습, 문제해결력 향상, 긍정적 마인드셋, 리더십 함양, 협업 능력, 진로 탐색, 독서 습관, 건강한 생활 태도] 중에서 [   ]이다. 그 외 주제도 구체적이고 실천 가능한 목표여야 해.

2. 다음으로 그 주제를 선택한 Origin(계기)을 짧게 설명해 줘. 최근의 경험이나 깨달음 중에서 영감을 준 내용으로 [아이의 잠재력을 발견한 순간, 입시 위주 교육에 대한 회의감, 미래 사회 변화에 대한 통찰, 독서의 중요성 깨달음, 아이와의 갈등을 반성하는 계기 등]에서 골라줘.

3. 이제 Topic을 실천할 다섯 가지 Process(과정)를 제시해 줘. 일상에서 할 수 있는 구체적이고 창의적인 교육 실천 방안으로 [대화를 통한 사고력 자극, 탐구 활동 지원, 실패를 격려하는 환경 조성, 함께 책 읽기, 호기심 유발하는 질문하기, 자녀 주도의 활동 기획, 다양한 경험 기회 제공 등]에서 골라서 구성해 줘.

4. 그리고 이 교육 방향을 선택한 Reason(이유)을 명확히 제시해 줘. [아이의 잠재력 발현, 창의적 인재로의 성장, 자기주도적 태도 함양, 미래 사회 적응력 향상, 긍정적 자아관 형성, 행복한 삶의 기반 마련 등]과 같이 아이의 성장과 연결지어서 설명해 줘.

5. 이 주제와 관련해서 영감을 줄 만한 Example(사례)도 3개 들어줘. [창의 교육으로 눈부신 성과를 낸 학교, 자기주도 학습으로 성공한 인물, 자녀와 소통하며 교감을 나눈 부모, 독서 습관으로 인생이 바뀐 사례, 진로를 개척해 나간 선배의 이야기 등] 중에서 어떤 것이든 좋아.

6. 마지막으로 Conclusion(결론)을 심플하고 임팩트 있는 한 문장으로 정리해 줘. 앞으로의 자녀 교육 방향에 대한 다짐 문장이 되면 좋겠어.

(예시: 오늘부터 아이의 [ ]을/를 믿고 지지하는 부모가 되겠다! / [ ]은/는 우리 아이 교육의 핵심 가치다! / 나는 매일 아이와 함께 [ ]을/를 실천하는 부모가 될 것이다!)

이상의 내용을 'TOPREC 자녀 교육 실천 워크북' 템플릿에 맞춰 멋지게 완성해 줘. 그리고 실천 체크리스트 [5]개도 잊지 말고 함께 만들어.

3.5
데이트 코스 기획에 적용하는 TOPREC
: 특별한 추억 만들기의 비밀

연인과의 데이트, 늘 똑같은 코스가 반복돼 식상함을 느끼긴 않으셨나요? 저마다 로맨틱한 데이트를 꿈꾸지만, 막상 색다른 데이트 코스를 기획하려니 막막해지기 일쑤죠. 하지만 특별한 데이트 코스 설계는 연인과의 추억을 더욱 깊게 만들고, 사랑을 향한 설렘을 키우는 데 있어 너무나 중요하답니다. 평범한 일상 속에서 두 사람만의 의미 있는 시간을 만드는 비결, 무엇일까요?

바로 여기, 데이트 코스 기획에 날개를 달아줄 멋진 아이디어가 있습니다. 탑렉(TOPREC) 솔루션을 활용하는 거예요. Topic(주제), Origin(기원), Process(과정), Reason(이유), Example(사례), Conclusion(결론)의 6단계 사고 과정을 따라가다 보면 지루했던 데이트 코스에 새로운 생명력이 불어넣어지는 마법 같은 경험을 하게 될 거예요. 그럼 탑렉(TOPREC) 솔루션으로 어떻게 이색적인 데이트 코스를 만들어낼 수 있을까요?

먼저 이번 데이트의 Topic(주제)을 명확하게 정해야겠죠. 단순히 "멋진 데이트"보다는 구체적이고 의미 있는 주제를 설정하는 게 포인트예요. "우리의 첫 만남 재현하기", "서로의 버킷리스트 하나씩 이뤄주기" 같이 테마가 있는 데이트 주제라면 더욱 풍성한 하루가 될 거예요.

다음으로 이번 데이트 주제를 선택한 Origin(기원)을 짚어 보세요. 최근 둘 사이가 너무 일상에 치여 소홀해진 것 같아 아쉬웠나요? 아니면 연인에게 평소 꼭 해주고 싶었던 것들이 떠올랐던 걸까요? 주제의 배경을 되새기며 서로를 향한 마음을 확인하는 시간을 가져보세요.

이제 구체적인 데이트 코스 설계, 즉 Process(과정)를 짜 볼 차례예요. 주제에 맞는 장소 선정하기, 둘만의 의미 있는 액티비티 준비하기, 깜짝 이벤트 계획하기 등 세부적인 데이트 일정을 단계별로 정리해 보세요. 머릿속으로 그려보는 것만으로도 두근거림이 쏟아질 거예요.

여기서 잠깐! 왜 이런 데이트 코스를 기획하게 되었는지, 그 Reason(이유)도 한번 짚어 보는 게 중요해요. 연인에 대한 감사함을 표현하고 싶어서, 잊지 못할 추억을 함께 쌓고 싶어서, 우리 사랑을 재확인하고 싶어서 등… 이유를 되새기다 보면 이번 데이트에 대한 기대감이 배가 될 거예요.

이때 실제로 참고할 만한 데이트 사례, 즉 Example(사례)을 찾아보는 것도 도움 될 거예요. 친구나 지인들의 이색 데이트 이야기, 영화나 드라마 속 로맨틱한 장면, SNS에서 발견한 멋진 데이트 후기까지. 다양한 영감의 원천을 찾아보세요. 단, 그들의 데이트를 복사하기보다는 우리만의 색깔을 입히는 게 더 특별할 거예요.

드디어 데이트 계획의 윤곽이 그려졌네요! 이제 Conclusion(결론)을 내릴 시간입니다. "이번 데이트를 통해 사랑을 재확인하는 계기가 되길", "오늘 만든 추억이 평생 간직할 보물이 되길" 같은 다짐의 문장으로 데이트 기획을 마무리해 보세요. 그 진심이 고스란히 전해질 거예요.

물론 완벽한 데이트 코스를 만들기란 쉽지 않아요. 예상치 못한 변수도 있을 테고, 계획대로 흘러가지 않을 때도 있겠죠. 하지만 그 모든 순간 속에서 서로를 향한 마음을 읽는다면, 어떤 데이트라도 특별해질 거라 믿어요. 사랑하는 이와 보내는 시간 그 자체로 무엇과도 바꿀 수 없는 소중한 추억이 되니까요.

자, 이제 탑렉(TOPREC) 솔루션으로 두 사람만의 이색 데이트 코스를 디자인해볼까요? 차곡차곡 Topic, Origin, Process를 정리하고, Reason을 마음에 새기며, 설레는 Example을 떠올려 보세요.

〈TOPREC 데이트 코스 기획 워크북〉

Step 1. Topic(주제) 정하기
(예시) 연인과 함께 어린 시절로 돌아가 보는 추억 여행 데이트
나의 데이트 코스 Topic:

Step 2. Origin(기원) 살피기
(예시) 어릴 적 순수했던 우리의 모습을 떠올리며 서로를 향한 마음을 되돌아보고 싶어서
나의 데이트 코스 Origin:

Step 3. Process(과정) 구상하기
(예시)
① 어린 시절 추억이 깃든 장소 리스트 만들기
② 어릴 적 좋아했던 간식이나 놀이 준비하기
③ 서로의 어린 시절 사진 모아보기
④ 그 시절 느꼈던 감정과 추억 나누기

⑤ 지금의 우리 사랑을 확인하는 시간 갖기

나만의 데이트 코스 Process:

①

②

③

④

⑤

Step 4. Reason(이유) 되새기기

(예시) 연인과 함께 잊고 있었던 순수한 설렘을 되찾고, 서로를 더 깊이 이해하는 계기가 되길 바라는 마음에서

나의 데이트 코스 Reason:

Step 5. Example(사례) 찾아보기

(예시) 드라마 속 주인공 커플이 첫 만남의 장소를 다시 찾아가는 감동적인 장면을 보고 영감을 얻어서

나의 데이트 코스 Example:

Step 6. Conclusion(결론) 내리기

(예시) 어린 시절의 추억을 함께 찾아가는 오늘 데이트가 앞으로도 우리 사랑의 초석이 되길 바란다!

나의 데이트 코스 Conclusion:

〈데이트 코스 기획 TOPREC 체크리스트〉

- [ ] 연인의 취향과 감성을 고려한 장소 선정하기
- [ ] 주제에 어울리는 작은 이벤트 준비하기
- [ ] 둘만의 이야기를 나눌 수 있는 시간 마련하기
- [ ] 연인에게 전하고 싶은 진심 담아두기
- [ ] 데이트 내내 함께하는 마음가짐 갖기

이제 여러분만의 이색 데이트 코스가 윤곽을 드러냈나요? 지금부터 그려보는 상상만으로도 가슴이 콩닥대려나요? 그 기분 그대로 소중한 사람의 손을 맞잡고, 특별한 하루를 만끽하러 떠나 보세요.

데이트 내내 서로의 눈을 마주하고, 귀 기울이는 마음 잊지 마세요. 오늘의 데이트가 평생 잊지 못할 추억이 되고, 사랑을 확인하는 계기가 될 수 있도록. TOPREC으로 기획한 이 색다른 하루가 여러분 인생 최고의 데이트 코스가 되기를 기대합니다! 멋진 추억 만들고 오세요!

〈TOPREC 데이트 코스 기획 자동 작성 프롬프트〉

안녕, 너의 이름은 TOPREC 데이트 코스 기획 코치야. 너는 연인들이 창의적이고 의미 있는 데이트를 만들어갈 수 있도록 맞춤형 데이트 코스 아이

디어를 제안하는 역할을 해. 내가 지금부터 줄 정보를 바탕으로 TOPREC 데이트 코스 기획 워크북을 완성해 줘.

1. 먼저 데이트 코스의 Topic(주제)는 [추억 여행, 버킷리스트 도전, 서프라이즈 이벤트, 둘만의 축제, 감사 표현하기, 취향 공유하기, 미래 그려보기, 일상 탈출하기, 관계 돌아보기] 중에서 [ ]이다. 그 외 주제도 구체적이고 특별한 테마여야 해.

2. 다음으로 그 주제를 선택한 Origin(계기)을 짧게 설명해 줘. 최근의 경험이나 깨달음 중에서 데이트 주제에 영감을 준 내용으로 [일상에 치인 둘을 되돌아봄, 연인의 버킷리스트를 알게 된 계기, 감사함을 전하고 싶은 마음, 설렘을 되찾고 싶은 마음, 미래에 대한 기대감 등]에서 골라 줘.

3. 이제 Topic을 실천할 다섯 가지 Process(과정)를 제시해 줘. 데이트 당일 함께 할 수 있는 구체적이고 창의적인 액티비티로 [추억의 장소 방문하기, 둘만의 도전 과제 정하기, 깜짝 선물 준비하기, 테마에 맞는 분위기 조성하기, 서로에 대한 마음 표현하기, 버킷리스트 실천하기 등]에서 골라서 구성해 줘.

4. 그리고 이 데이트 주제를 선택한 Reason(이유)을 명확히 제시해 줘. [사랑을 재확인하는 계기, 일상에 활력을 불어넣음, 서로에 대해 더 알아가는 시간, 앞으로의 행복을 그려봄, 소중한 추억 만들기, 감사한 마음 전하기 등]과 같이 연인 관계에 미칠 긍정적 영향과 연결 지어 설명

해 줘.

5. 이 주제와 관련해서 영감을 줄 만한 Example(사례)도 3개 들어줘. [감동적인 이색 데이트 후기, 영화/드라마 속 로맨틱한 데이트 장면, 주변인의 창의적인 데이트 아이디어, SNS에서 발견한 멋진 데이트 사례, 연인을 감동시킨 데이트 이벤트 등] 중에서 어떤 것이든 좋아.

6. 마지막으로 Conclusion(결론)을 심플하고 임팩트 있는 한 문장으로 정리해 줘. 이번 데이트를 통해 두 사람의 사랑이 더욱 깊어지길 바라는 다짐의 문장이 되면 좋겠어.

(예시: 오늘 데이트를 통해 [ ]을/를 재확인하는 시간 되길! / 앞으로도 [ ]이/가 가득한 우리만의 데이트를 만들어 가자! / 서로에 대한 [ ]을/를 표현하며 사랑을 쌓아가는 연인이 되자!)

이상의 내용을 'TOPREC 데이트 코스 기획 워크북' 템플릿에 맞춰 멋지게 완성해 줘. 그리고 데이트 당일 함께 실천할 체크리스트 [5]개도 잊지 말고 만들어 줘.

3.6
건강 관리 습관에 접목하는 TOPREC의 힘
: 지속 가능한 자기 혁신의 열쇠

건강한 삶을 위해 생활 습관을 개선해 보고자 결심했지만 쉽게 흐지부지 되는 경험, 다들 한 번쯤 있으시죠? 건강에 좋다는 것은 알지만 바쁜 일상에 밀려 제대로 실천하기 어려운 게 현실입니다. 하지만 건강 관리는 하루아침에 되는 게 아닌, 꾸준한 노력이 필요한 과정이에요. 작은 습관의 변화가 모여 건강이라는 놀라운 결실을 맺게 되는 것이죠.

여러분의 건강 관리 습관 형성에 날개를 달아줄 특별한 솔루션이 있습니다. 바로 탑렉(TOPREC) 전략을 활용하는 거예요. Topic(주제), Origin(기원), Process(과정), Reason(이유), Example(사례), Conclusion(결론)의 6단계 사고 과정을 따라가다 보면 막연하기만 했던 건강 관리가 생활 속에 자연스럽게 스며드는 놀라운 경험을 하게 될 거예요. 그럼 어떻게 탑렉(TOPREC) 전략을 건강 습관에 적용할 수 있을까요?

우선, 건강 관리의 Topic(주제)를 구체적으로 정하는 것에서부터 시작해 보세요. 단순히 "건강해지기"라는 막연한 목표보다는 "규칙적인 운동 습관 들이기", "하루 8잔 물 마시기" 같이 실천 가능한 주제를 선택하는 것이 목표 달성에 더 효과적일 거예요.

다음으로 내가 이런 건강 목표를 세우게 된 Origin(기원)을 짚어 봅시다. 최근 건강 검진 결과가 신경 쓰였던 걸까요? 주변에 건강 문제로 고생하는 지인의 모습에 깨달음을 얻었나요? 건강 증진의 근본적 동기를 마주하는 것만으로도 실천력은 한 단계 높아질 거예요.

본격적으로 건강한 삶을 위한 Process(과정)를 그려볼 차례예요. 아침 식사 꼭 챙기기, 점심시간 이용해 가벼운 운동하기, 잠들기 전 스트레칭으로 하루 마무리하기 등 구체적인 실천 과제를 단계별로 정리해 보세요. 머릿속에 그려보는 것만으로도 설레는 마음이 생길 거예요.

여기서 한 번 더 생각해 볼 것은 내가 왜 이 건강 습관을 들이려 하는지에 대한 Reason(이유)이에요. 가족과 오래오래 건강히 지내고 싶어서? 업무 효율을 높이기 위해? 또는 그저 멋진 모습으로 살고 싶어서? 습관 형성의 이유를 되새기는 일은 우리에게 한결 더 강한 동기부여를 선사할 거예요.

건강 관리의 롤모델이 있다면 그들의 경험담을 통해서도 영감을 얻어 보세요. 식습관 개선으로 몸무게 감량에 성공한 친구, 금연으로 새 삶을 살게 된 동료 등 실제 Example(사례)을 접하는 건 나 역시 변화할 수 있다는 자신감을 불어넣어 줄 거예요.

이제 건강 관리 계획을 정리하며 스스로의 Conclusion(결론)을 내려 볼 때입니다. "하루 30분 이상 걷기로 활력 찾기", "주 3회 이상 근력 운동으로 건강한 몸 만들기"와 같이 내가 실천할 건강 습관의 핵심을 담은 나만의 다짐 문장을 만들어 보세요.

물론 계획대로 한 번에 되지 않을 수 있어요. 가끔 게으름이 느는 날도, 핑계를 대고 싶은 순간도 있겠죠. 하지만 포기하지 마세요. 작은 실천의 힘을 믿으세요. 그 작은 발걸음이 모여 어느새 내 삶을 변화시키는 큰 걸음이 될 테니까요.

자, 이제 TOPREC 전략으로 내 건강 혁신 프로젝트에 도전해 볼까요? Topic을 정하고, Origin을 떠올리며, Process를 그려가다 보면 어느새 건강한 습관이 우리 삶에 깊이 뿌리내리고 있을 거예요.

건강해지고 싶은 Reason을 가슴에 품고, Example의 변화를 내 삶에 투영해 보세요.

〈TOPREC 건강 관리 습관 형성 워크북〉

Step 1. Topic(주제) 정하기
(예시) 매일 아침 스트레칭으로 하루를 상쾌하게 시작하기
나의 건강 관리 습관 Topic:

Step 2. Origin(기원) 살피기
(예시) 코로나19 시대에 건강의 소중함을 절감하고 습관을 바꾸기로 결심했다
나의 건강 습관 형성 Origin:

Step 3. Process(과정) 세우기
(예시)
① 아침에 일어나자마자 10분 스트레칭하기
② 식사 후 가벼운 걷기 실천하기
③ 일과 중 1시간 단위로 스트레칭 동작 수시로 하기
④ 자기 전 명상하며 하루 돌아보기
⑤ 주 3회 이상 헬스장 가기
나의 건강 실천 Process:
①

②
③
④
⑤

Step 4. Reason(이유) 되새기기

(예시) 활력 있고 긍정적인 하루를 위해, 내 삶의 질을 높이는 원동력을 만들기 위해

나의 건강 습관 형성 Reason:

Step 5. Example(사례) 찾아보기

(예시) 식습관 개선과 생활 습관 교정으로 대사증후군을 극복한 지인의 사례에서 용기를 얻었다

나에게 동기부여가 되는 Example:

Step 6. Conclusion(결론) 내리기

(예시) 작은 생활 습관의 변화가 내 삶에 건강이라는 놀라운 선물을 가져다줄 것이다!

나의 건강 관리 습관 Conclusion:

〈건강 습관 형성 TOPREC 체크리스트〉
- ◆ [ ] 아침 스트레칭으로 하루 시작하기
- ◆ [ ] 점심시간 짬내 걷기 실천하기
- ◆ [ ] 1시간마다 간단한 스트레칭 동작 하기

- [ ] 하루를 명상으로 마무리하기
- [ ] 주 3회 이상 운동하러 가기

이제 여러분만의 건강 실천 계획이 어느 정도 그려졌나요? 머릿속에 그린 그 습관의 청사진을 현실로 가져오는 일, 그것이 바로 오늘부터 시작될 여러분의 몫이에요.

건강한 삶은 거창한 무언가가 아닙니다. 생활 속 작은 습관들의 집합이죠. 그 작은 선택들이 모여 우리 인생의 지형도를 바꿔놓을 거예요. 오늘도, 내일도, 그다음 날도. 포기하지 않는 한 우리는 변화할 수 있어요. 더 건강한 내일을 향해, 함께 도전해 보는 거 어때요?

탑렉(TOPREC)과 함께라면 건강 습관 형성의 즐거운 여정이 펼쳐질 거예요. 여러분 모두 건강한 100세 시대의 주인공이 되기를 진심으로 응원합니다. 오늘도 파이팅!

〈TOPREC 데이트 코스 기획 자동 작성 프롬프트〉

안녕, 너의 이름은 TOPREC 건강 관리 코치야. 너는 사람들이 창의적이고 효과적으로 건강 습관을 형성할 수 있도록 맞춤형 건강 관리 전략을 제안하는 역할을 해. 내가 지금부터 줄 정보를 바탕으로 TOPREC 건강 관리 습관 형성 워크북을 완성해 줘.

1. 먼저 건강 관리의 Topic(주제)는 [규칙적인 운동, 균형 잡힌 식단, 스트레스 관리, 충분한 수면, 금연/금주, 취미 생활, 명상과 마음 챙김, 정기 건강 검진, 생활 습관병 예방] 중에서 [ ]이다. 그 외 주제도 구체적이고 실천 가능한 목표여야 해.

2. 다음으로 그 주제를 선택한 Origin(계기)을 짧게 설명해 줘. 최근의 경험이나 깨달음 중에서 영감을 준 내용으로 [건강 검진 결과에 대한 경각심, 주변인의 건강 문제를 통해 얻은 교훈, 건강한 삶에 대한 갈망, 생활 습관 개선의 필요성 절감, 몸과 마음의 건강의 소중함 깨달음 등]에서 골라줘.

3. 이제 Topic을 실천할 다섯 가지 Process(과정)를 제시해 줘. 일상에서 할 수 있는 구체적이고 창의적인 건강 습관 형성 방안으로 [아침 식사 꼭 챙기기, 점심시간 이용해 가벼운 운동하기, 매일 명상 시간 갖기, 잠들기 전 스트레칭으로 하루 마무리하기, 주 3회 이상 운동 습관 만들기 등]에서 골라서 구성해 줘.

4. 그리고 이 건강 습관 형성을 결심한 Reason(이유)을 명확히 제시해 줘. [더 오래 건강하게 살고 싶어서, 활기찬 일상을 위해, 자신감 있는 삶을 살고 싶어서, 스트레스로부터 자유로워지고 싶어서, 삶의 질을 높이고 싶어서 등]과 같이 건강한 삶에 대한 희망과 연결 지어 설명해 줘.

5. 이 주제와 관련해서 영감을 줄 만한 Example(사례)도 3개 들어줘. [식습관 개선으로 건강을 되찾은 사례, 금연/금주 성공으로 인생이 바뀐 사례, 운동으로 삶의 활력을 찾은 사례, 명상 실천으로 마음의 평화를 얻은 사례, 작은 습관의 힘으로 건강 목표를 이룬 사례 등] 중에서 어떤 것이든 좋아.

6. 마지막으로 Conclusion(결론)을 심플하고 임팩트 있는 한 문장으로 정리해 줘. 건강한 삶을 향한 다짐과 새로운 습관 형성에 대한 의지가 잘 드러나는 문장이면 좋겠어.

(예시: 작은 습관의 변화가 내 인생에 [ ]을/를 가져다줄 거야! / 나는 오늘부터 [ ] 하는 사람이 될 거야! / 건강한 습관 하나하나가 모여 내 삶을 [ ]으로 만들 거야!)

이상의 내용을 'TOPREC 건강 관리 습관 형성 워크북' 템플릿에 맞춰 멋지게 완성해 줘. 그리고 실천 체크리스트 [5]개도 잊지 말고 함께 만들어 줘.

3.7
TOPREC으로 시작하는 일상 속 자기 성찰
: 매일의 성장을 이끄는 루틴

우리는 종종 바쁜 일상에 떠밀려 정작 가장 소중한 나 자신과 마주할 시간을 놓치곤 합니다. 하루하루 반복되는 일과 속에서 나는 어떤 사람인지, 어떤 삶을 살고 싶은지 돌아볼 여유를 잃어버리기 쉽죠. 하지만 진정한 성장과 행복은 날마다 스스로를 성찰하고 가꾸는 과정에서 비롯된다는 사실, 잊지 말아야 할 것 같아요. 자기 성찰은 결국 우리 삶의 방향키를 잡아주는 나침반이 되어주니까요.

바로 여기, 일상 속 자기 성찰의 힘을 일깨워줄 놀라운 방법이 있어요. 탑렉(TOPREC) 솔루션을 활용하는 거예요. Topic(주제), Origin(기원), Process(과정), Reason(이유), Example(사례), Conclusion(결론)의 6단계 사고 과정을 따라가다 보면 어느새 내면을 깊이 들여다보고 성장하는 시간으로 가득 찬 하루하루를 만들어갈 수 있을 거예요. 어떻게 하면 TOPREC 솔루션으로 매일의 자기 성찰 시간을 가질 수 있을까요?

우선 나만의 성찰 주제, 즉 Topic(주제)을 정해 보는 것에서 시작해 보세요. '나의 가치관 돌아보기', '내가 진정 원하는 것 찾아보기', '나의 강점 발견하기'처럼 구체적이면서도 본질을 건드리는 주제를 고르는 게 중요해요.

그 다음엔 내가 이런 주제에 마음이 끌리게 된 Origin(기원)을 짚어 봐야겠죠. 삶에 대한 막연한 고민이 있었나요? 아니면 최근의 어떤 경험이 나를 돌아보게 했던 걸까요? 성찰의 계기를 분명히 인지하는 순간, 우리는 한층 깊이 있는 대화를 시작하게 될 거예요.

본격적으로 성찰을 실천할 Process(과정)도 빼놓을 수 없어요. 아침 일기 쓰기, 저녁 명상하기, 감사 일기 작성하기, 하루를 마무리하는 질문들 던지기 등 나를 만나는 시간을 구체적인 루틴으로 정해보세요.

여기서 내가 왜 이런 자기 성찰이 필요한지, 그 Reason(이유)을 꼭 붙잡고 있어야 해요. 내가 나 자신을 더 깊이 이해하고 싶어서 일까요? 혹은 삶의 균형을 잡고 싶어서일까요? 성찰을 지속하게 하는 힘은 바로 이 이유에 있답니다.

　자기 성찰의 힘을 믿게 해주는 Example(사례)도 찾아보면 도움이 될 거예요. 위인들의 자서전, 성찰 일기를 실천하는 멘토의 조언, 자기 대화로 변화를 이룬 사람들의 이야기까지. 그들의 경험은 우리에게 용기와 영감을 주는 원천이 되어줄 거예요.

　이렇게 하루하루 자기 성찰을 실천하다 보면 어느새 스스로에 대한 깊은 Conclusion(결론)에 다다르게 될 거예요. 나 자신과 삶에 대한 통찰, 내면의 평화, 앞으로 나아갈 힘. 이 모든 것이 조금씩 내 안에 자라날 거라 믿어요.

　물론 매일 반복하는 게 쉽지만은 않을 거예요. 가끔은 귀찮고 어려울 때도 있겠죠. 그럴 때마다 기억하세요. 진정한 성장은 하루아침에 이뤄지지 않습니다. 오늘의 작은 노력들이 모여 내일의 내가 될 거라는 걸요.

　자, 이제 용기내어 TOPREC 성찰 루틴을 시작해 볼까요? 매력적인 Topic을 정하고, 뜻깊은 Origin을 떠올리며, 나를 위한 Process를 디자인해 보세요. 내 안의 Reason을 붙들고, 멋진 Example에서 영감을 얻어 가면서요.

〈TOPREC 자기 성찰 루틴 실천 워크북〉

Step 1. Topic(주제) 정하기
(예시) 일과 삶의 균형을 되찾고 진정한 행복 찾기
나의 성찰 Topic:

Step 2. Origin(기원) 떠올리기
(예시) 번아웃 직전까지 내몰린 힘든 경험 이후, 삶의 의미와 우선순위에 대해 고민하게 되었다
나의 성찰 Origin:

Step 3. Process(과정) 디자인하기
(예시)
① 매일 아침 10분 감사 일기 쓰기
② 저녁 운동 후 오늘 받은 教訓 되새기기
③ 잠들기 전 하루를 마무리하는 질문 던지기
④ 일주일에 한 번 나만의 시간 갖기
⑤ 한 달에 한 권 자기계발서 읽기
나만의 성찰 Process:
①
②
③
④
⑤

Step 4. Reason(이유) 마음에 새기기

(예시) 나 자신을 깊이 이해하고 내면의 평화를 되찾기 위해 매일 성찰이 필요하다

나의 성찰 Reason:

Step 5. Example(사례) 찾아보기

(예시) 위인들의 자서전을 읽으며 그들이 성찰을 통해 위대한 발자취를 남긴 사실에 깊은 감명을 받았다

나에게 영감을 주는 Example:

Step 6. Conclusion(결론) 내리기

(예시) 매일의 진실한 자기 성찰이 내 인생의 등대가 되어 나를 이끌어 갈 것이다!

나의 성찰 Conclusion:

〈자기 성찰 루틴 TOPREC 체크리스트〉

- ◆ [ ] 아침에 감사 일기 쓰기
- ◆ [ ] 저녁 교훈 되새기는 시간 갖기
- ◆ [ ] 잠들기 전 하루 마무리 질문하기
- ◆ [ ] 매주 나만의 시간 갖기
- ◆ [ ] 매달 자기계발서 읽기

이제 설레는 마음으로 매일의 성찰 루틴을 시작해 보아요. 어쩌

면 우리 인생에서 가장 소중한 시간은 바로 이 순간, 나 자신과 깊이 마주하는 이 시간일 거예요.

진정한 행복과 성장의 열쇠는 우리 내면에 숨어 있습니다. 잠시 발걸음을 멈추고, 귀 기울이는 시간. 그 고요 속에서 나를 발견하고 가꿔가는 일. 이것이 우리가 오늘, 그리고 내일도 빛나는 이유가 될 거예요. TOPREC 성찰 루틴으로 찾아가는 내면의 여정, 함께 떠나 볼까요? 당신의 빛나는 성장을 응원합니다!

〈 TOPREC 데이트 코스 기획 자동 작성 프롬프트 〉

안녕, 너의 이름은 TOPREC 자기 성찰 코치야. 너는 사람들이 일상 속에서 자기 성찰 습관을 기를 수 있도록 맞춤형 성찰 루틴을 제안하는 역할을 해. 내가 지금부터 줄 정보를 바탕으로 TOPREC 자기 성찰 루틴 실천 워크북을 완성해 줘.

1. 먼저 자기 성찰의 Topic(주제)는 [나의 가치관 돌아보기, 내가 진정 원하는 것 찾기, 나의 장단점 파악하기, 인생의 우선순위 정하기, 과거와 화해하고 미래 그리기, 내면의 목소리 듣기, 진실한 나를 마주하기, 변화의 방향 모색하기, 자아 성장의 의미 찾기] 중에서 [   ]이다. 그 외 주제도 구체적이고 본질을 건드리는 키워드여야 해.

2. 다음으로 그 주제를 선택한 Origin(계기)을 짧게 설명해 줘. 최근의 경험이나 깨달음 중에서 영감을 준 내용으로 [몸과 마음의 균형이 무너졌던 경험, 인생의 방향성에 대한 고민, 자신에 대한 이해 부족을 절감한 사건, 새로운 성장의 계기가 필요함을 느낌, 정체되어 있는 삶에서 벗어나고픈 갈망 등]에서 골라줘.

3. 이제 Topic을 실천할 다섯 가지 Process(과정)를 제시해 줘. 일상에서 할 수 있는 구체적이고 실천적인 자기 성찰 방안으로 [아침 감사 일기 쓰기, 매일 명상 시간 갖기, 저녁 산책하며 하루 되돌아보기, 주말 나만의 시간 갖기, 한 달에 한 권 자기계발서 읽기, 버킷리스트 작성하고 실천하기 등]에서 골라서 구성해 줘.

4. 그리고 이 성찰의 과정을 시작한 Reason(이유)을 명확히 제시해 줘. [내 삶의 주인으로 살고 싶어서, 진정한 나를 발견하고 싶어서, 균형 잡힌 삶을 위해, 더 나은 내일을 만들기 위해, 잃어버린 꿈을 되찾고 싶어서, 스스로를 사랑하는 법을 배우기 위해 등]과 같이 성찰을 통해 이루고 싶은 변화와 연결 지어 설명해 줘.

5. 이 주제와 관련해서 영감을 줄 만한 Example(사례)도 3개 들어줘. [위인들의 자서전 속 성찰의 힘, 명상으로 내면의 평화를 얻은 사례, 일기 쓰기로 자신을 성장시킨 이야기, 힘든 시기를 성찰로 극복해낸 경험담, 질문으로 인생을 변화시킨 사람들의 사례 등] 중에서 어떤 것이든 좋아.

6. 마지막으로 Conclusion(결론)을 심플하고 임팩트 있는 한 문장으로 정리해 줘. 자기 성찰의 의미와 변화에 대한 다짐이 느껴지는 문장이면 좋겠어.

(예시: 매일 성찰하는 시간은 내 삶에 [ ]을/를 가져올 거야! / [ ]을/를 알아가는 시간, 그것이 바로 나를 성장시키는 힘이다 / 나는 매일 [ ] 하는 사람이 될 것이다!)

이상의 내용을 'TOPREC 자기 성찰 루틴 실천 워크북' 템플릿에 맞춰 멋지게 완성해 줘. 그리고 성찰 실천 체크리스트 [5]개도 잊지 말고 함께 만들어 줘.

4

업무 혁신을 이끄는 탑렉(TOPREC) 솔루션
: 프로세스를 넘어 사고의 전환으로

4.1
회의 문화 혁신을 위한 TOPREC 적용
: 토론에서 협업으로, 소통의 진화

우리는 하루에도 수차례 회의라는 이름의 토론과 협의에 참여합니다. 하지만 과연 그 시간들이 언제나 효과적이고 창의적인 결과로 이어지고 있을까요? 회의에서 제기된 문제들이 구체적인 해법으로 연결되지 못하고, 토론이 평행선을 달릴 때도 많습니다. 같은 목표를 향해 모였지만 서로의 생각을 진정 이해하기보다는 각자의 주장만 되풀이하고 있진 않나요?

이제 우리 조직의 회의 문화에 새로운 바람을 불어넣을 때입니다. 소통의 방식부터 창의적으로 혁신해야 할 때죠. 그 열쇠는 바로 탑렉(TOPREC) 솔루션에 있습니다. Topic(주제), Origin(기원), Process(과정), Reason(이유), Example(사례), Conclusion(결론)의 6단계 사고 흐름에 따라 토론을 진행하다 보면 회의가 얼마나 달라질 수 있는지 경험하게 될 것입니다. 독백의 연속에서 협업의 시너지로, 문제 제기에서 해결책 도출로. 회의 문화의 창의적 전환, 지금부터 시작해 보겠습니다.

먼저 회의의 Topic(주제)를 명확히 해야 합니다. "신제품 아이디어 회의", "마케팅 전략 수립하기" 처럼 구체적인 목표를 설정하세요. 포괄적이고 모호한 주제로는 생산적인 토론을 이끌어내기 어렵습니다.

그 다음, 회의 주제가 왜 중요한지 그 Origin(기원)을 짚어 봐야 합니다. 이 주제가 지금 우리 조직에 어떤 의미인지, 기회인지 위기인지, 그 배경에 대한 공감대를 형성하는 거죠. 토론의 방향을 잡는 나침반이 될 것입니다.

이제 본격적인 토론의 Process(과정)를 설계할 차례입니다. 브레인스토밍으로 아이디어 도출하기, 장단점 분석으로 의견 교환하기, 우선순위 토론으로 의사결정하기 등 회의의 목적에 맞는 단계를 설정하세요. 탑렉의 렌즈를 통해 체계적으로 토론을 진행하다 보면 보다 창의적이고 논리적인 흐름을 만들어갈 수 있습니다.

여기서 잠깐! 회의에서 제기된 관점들이 Reason(이유)을 가지고 있는지 돌아볼 필요가 있어요. 단순히 "내 생각은 이래"가 아니라

"왜 그렇게 생각하는지" 근거를 논리적으로 설명할 수 있어야 합니다. 이렇게 이유를 공유하는 과정에서 상호 이해의 폭은 더욱 깊어지게 마련이죠.

Example(사례)를 활용하는 것도 토론에 설득력을 더해줄 수 있어요. 비슷한 문제를 창의적으로 해결한 사례, 우리가 참고할 만한 아이디어 등을 제시하며 토론을 풍성하게 만들어 보세요.

이렇게 탑렉의 6단계를 거쳐 도출된 결과, 즉 Conclusion(결론)은 하나의 합의가 되어야 합니다. 단순히 최종 선택지를 고르는 것에서 그치지 않고, 그 선택의 이유와 기대 효과, 실행 계획까지 함께 공유하세요. 모두의 공감대 위에서 도출된 결론은 강력한 실행력을 담보하게 될 것입니다.

물론 처음부터 모든 회의에 탑렉을 완벽하게 적용하긴 어려울 거예요. 토론이 습관처럼 익숙해진 지금, 새로운 접근에 어색함을 느낄 수도 있습니다. 하지만 용기를 내어 한 걸음씩 나아가다 보면 어느새 우리 회의실에 창의성의 바람이 불고 있으리라 믿습니다.

이제 탐색에서 통찰로, 토론에서 협업으로, 소통이 진화하는 여정이 시작될 것입니다. 서로의 지혜가 모여 시너지를 만들고, 창의적 해법이 쏟아지는 역동의 회의 문화. 탑렉 솔루션으로 그 미래를 향해 나아가 보는 거예요. 더 나은 의사결정과 실행력, 조직의 성장이 우리를 기다리고 있을 테니까요.

회의실 문을 열 때마다, 탑렉의 렌즈를 통해 세상을 바라보세요. 주제를 명확히 하고, 본질을 짚어보며, 논리적 토론의 단계를 밟아가고, 이유를 공유하며, 영감을 주고받고, 합의의 결론에 다다르는 경이로운 경험. 그 과정 속에서 우리는 함께 성장하게 될 것입니다.

토론에서 협업으로, 독백에서 소통으로. 이 여정의 끝에서 우리 조직은 한층 더 창의적이고 혁신적으로 진화해 있으리라 확신합니다. 탑렉 솔루션으로 깨우치는 공감의 리더십, 소통의 혁명. 지금 바로 그 항해를 시작해 보시는 건 어떨까요?

⟨TOPREC 회의 문화 혁신 워크북⟩

회의에 참여하는 동료 여러분, 우리 회사 회의실에 창의성의 바람을 불어넣을 준비가 되셨나요? TOPREC 솔루션으로 회의 효율을 높이고 협업의 시너지를 만들어 보아요. 아래 워크시트를 활용해 보세요.

Step 1. 회의 Topic(주제) 설정하기
(예시) 신제품 아이디어 제안회의
우리 회의의 Topic:

Step 2. 회의 소집 배경 Origin(기원) 정리하기

(예시) 기존 제품 매출 정체를 타개할 신제품 라인업 필요

우리 회의의 Origin:

Step 3. 회의 토론 Process(과정) 설계하기

(예시)

① 아이디어 브레인스토밍 (20분)

② 아이디어 타당성 토론 (30분)

③ 아이디어 우선순위 선정 (20분)

④ 향후 실행 계획 수립 (20분)

우리 회의의 토론 Process:

①

②

③

④

Step 4. 제시된 아이디어/의견의 Reason(이유) 공유하기

(예시) 제안 1: 신규 고객층 공략을 위해 저가 제품 라인업 필요 (젊은 층 니즈 & 구매력 고려)

우리 회의에서 나온 의견과 그 Reason:

Step 5. 토론 시 참고할 만한 Example(사례) 찾아보기

(예시) 경쟁사 A사의 성공적 신제품 출시 전략 분석 자료

우리 회의에 도움 될 Example:

Step 6. 토론 결과 정리하여 Conclusion(결론) 도출하기

(예시) 젊은 고객층을 겨냥한 저가형 신제품 2종 출시 및 SNS 마케팅 집중 (내년 1분기 중)

우리 회의의 Conclusion:

〈TOPREC 회의 실천 체크리스트〉
- ◆ [ ] 회의 전 Topic과 Origin 공유하기
- ◆ [ ] 토론 전 발언·경청 원칙 협의하기
- ◆ [ ] Process 따라 창의적 토론 진행하기
- ◆ [ ] 결론 도출 시 실행 계획 구체화하기
- ◆ [ ] 회의록 작성 및 공유하기

이렇게 TOPREC 회의 워크시트를 단계별로 정리하고, 실천 항목을 체크리스트로 만들어두면 우리 회의 문화에 새로운 바람을 불어 넣을 수 있어요.

서로의 생각에 귀 기울이고, 토론을 통해 더 나은 결론에 도달하는 즐거움. 함께 머리를 맞대고 문제를 해결해 나가는 짜릿함까지. 효율적이면서도 창의적인 우리만의 회의 문화, TOPREC 솔루션으로 만들어 나가 보아요!

〈 TOPREC 회의 문화 혁신 워크북 자동 작성 프롬프트〉

안녕, 너의 이름은 TOPREC 회의 혁신 코치야. 너는 조직의 회의 문화를 창의적으로 바꾸고 협업의 시너지를 이끌어내는 역할을 해. 내가 지금부터 줄 정보를 바탕으로 TOPREC 회의 문화 혁신 워크북을 완성해 줘.

1. 먼저 회의의 Topic(주제)는 [신제품 아이디어 회의, 마케팅 전략 수립, 조직 문화 혁신 방안, 프로젝트 리뷰, 예산 계획 논의, 팀 빌딩 워크숍, 업무 프로세스 개선, 고객 서비스 혁신, 비전 수립 회의] 중에서 [ ]이다. 그 외 주제도 구체적이고 명확한 목표여야 해.

2. 다음으로 이 회의를 소집하게 된 Origin(기원)을 간단히 써 줘. 최근의 상황이나 계기 중에 회의 주제 선정에 영향을 준 내용으로 [매출 부진에 대한 타개책 모색, 새로운 트렌드에 부응하는 전략 필요, 조직 내 소통 문제 해결 시급, 프로젝트 난항에 따른 해법 논의, 예산 제약에 따른 우선순위 조정 필요 등]에서 골라줘.

3. 이제 회의에서 토론할 Process(과정)를 네 단계로 제시해 줘. 주제에 따라 필요한 토론 절차를 [아이디어 브레인스토밍, 장단점 분석, 우선순위 토론, 실행 계획 수립, 문제점 진단, 해결책 제안, 벤치마킹 사례 공유, 역할 분담 논의 등]에서 선택해서 구성해 줘.

4. 그리고 이 회의를 통해 토론하고 협의해야 할 Reason(이유)를 분명히 제시해 줘. [제품 경쟁력 강화, 시장 점유율 확대, 조직 혁신, 프로젝트 성공적 수행, 예산 효율화, 구성원 역량 강화, 업무 효율성 제고, 고객 만족도

향상 등]과 같이 회의의 목적과 연결 지어 설명해 줘.

5. 이번 회의 주제와 관련해서 참고할 만한 Example(사례)도 제시해 줘. [성공적인 신제품 출시 사례, 효과적인 마케팅 캠페인 사례, 조직 문화를 바꾼 혁신 사례, 프로젝트 위기 극복 사례, 예산 절감 우수 사례, 협업이 빛난 프로젝트 사례, 고객 감동 서비스 사례 등] 중에서 적절한 것을 골라줘.

6. 마지막으로 회의를 통해 도출하고자 하는 Conclusion(결론)을 한 문장으로 요약해 줘. 회의를 통해 이뤄낼 성과나 변화상을 포괄하는 문장이면 좋겠어.

(예시: 이번 회의를 통해 [ ]을/를 이뤄내는 데 합의하고 실행해 나가자! / [ ]을/를 위한 창의적 해법을 모색하고 실행 계획을 세우자! / 우리 조직의 미래 비전인 [ ]을/를 향해 함께 전진하자!)

이상의 내용을 'TOPREC 회의 문화 혁신 워크북' 템플릿에 맞춰 그럴싸하게 완성해 줘. 그리고 회의 전후에 실천할 수 있는 체크리스트 [5]개도 빼먹지 말고 만들어 줘.

4.2

업무 우선순위 설정에 도입하는 TOPREC 프레임
: 전략적 사고의 시작

우리는 매일 쏟아지는 업무량 앞에서 어떤 일에 집중해야 할지 고민하곤 합니다. 마감일은 다가오고, 메일함은 넘쳐나고, 회의는 줄줄이 이어지는데 정작 내가 무엇을 해야 할지 갈피를 잡기 어려울 때가 많죠. 모든 일이 중요해 보이고 급해 보이니 우선순위를 정하는 것 자체가 스트레스인 것 같아요. 하지만 무엇에 시간과 에너지를 쏟을지 현명하게 선택하는 것이야말로 성과를 좌우하는 핵심 역량이라는 사실, 잊지 말아야 할 것 같아요. 전략적으로 일의 순서를 정하고 실행해 나가는 것, 그것이 프로 중의 프로가 되는 길이니까요.

이제 우리의 업무 방식에 우선순위를 부여하는 새로운 기준이 필요합니다. 전략적 사고의 틀을 업무 관리에 적용할 때가 된 거죠.

그 해답은 바로 탑렉(TOPREC) 프레임에 있습니다. TOPREC의 6가지 키워드 Topic(주제), Origin(기원), Process(과정), Reason(이유), Example(사례), Conclusion(결론)을 통해 일의 가치와 시급성을 분석하고 우선순위를 부여하는 지혜. 이 새로운 사고법으로 효율성은 물론 성취감까지 높여보는 거예요.

먼저 업무 리스트에서 가장 중요한 Topic(주제)를 뽑아봅시다. "A 프로젝트 기획안 작성", "신입 사원 교육 자료 준비" 같이 구체적이면서도 업무 목표가 명확한 항목을 선별하는 거예요. 모호하거나 범위가 너무 큰 주제는 우선순위를 설정하기 어려워요.

그 다음엔 이 업무가 중요한 이유, 즉 Origin(기원)을 파악해야겠죠. 조직의 핵심 과제와 직결된 일인가요? 고객의 긴급한 요청 사항인가요? 업무의 기원을 따져보면 그 일이 조직과 개인에게 갖는 의미를 분별할 수 있어요.

이제 실제 업무 Process(과정)를 점검해 볼 차례입니다. 자료 조사, 기획, 실행, 피드백의 어느 단계인지, 애로사항은 없는지, 소요 시간은 얼마나 될지 세부 프로세스를 짚어 봐야 일의 난이도와 시급성을 가늠하겠죠.

여기서 업무의 Reason(이유)을 냉철히 따져 묻는 건 필수예요. '왜 내가 이 일을 해야 하는가?'를 자문하는 거죠. 조직의 미션에 부합하는가, 장기적 관점에서 가치가 있는가, 내 역량을 발휘할 수 있는가 등을 기준으로 그 이유를 찾아야 일에 동기부여가 되고 의미를 부여할 수 있어요.

유사한 업무 Example(사례)를 참고하는 것도 우선순위 설정에 도움이 돼요. 과거에 성공적으로 수행했거나 높은 평가를 받은 과제를 회상하며 그 특징과 노하우를 되새겨 보세요. 우선순위 판단에 좋은 잣대가 되어줄 거예요.

이 모든 분석을 토대로 내린 Conclusion(결론)이 곧 업무의 우선순위가 되겠죠. 각 항목에 중요도와 긴급성 점수를 매겨 TO-DO 리스트를 재정렬해 보세요. 그렇게 전략적으로 세운 우선순위에 따라 To-Do 리스트를 실행해 나가다 보면 성과는 물론 자신감과 성취감까지 쑥쑥 자라나는 걸 느낄 수 있을 거예요.

물론 매번 이 복잡한 과정을 거치긴 어려울 거예요. 우선순위를 정하는 데도 우선순위가 필요하달까요. 처음엔 며칠에 한 번 정도만 이 프레임을 적용해 보는 걸로 시작해 보세요. 점차 익숙해지면 머릿속 사고 과정에 자연스럽게 스며들 거예요.

TOPREC으로 업무에 질서를 부여하고, 시간과 에너지를 현명하게 배분하는 법. 그 기술이 몸에 밸 때쯤이면 우리는 이미 일잘러 반열에 올라 있겠죠? 전략을 품은 우선순위 설정으로 성과는 배가 되고 노력 대비 결실은 커지는 멋진 경험, 꼭 해보시길 바라요. 이제 프로의 업무 방식, 스마트하게 바꿔 보는 거예요. 우선순위 혁명의 첫걸음, 함께 내디뎌 볼까요?

〈TOPREC 업무 우선순위 설정 워크북〉

안녕하세요, TOPREC 업무 혁신 코치입니다! 우선순위 설정이라는 악명 높은 숙제, 이제 재미있고 명쾌하게 해결해 보려고 해요. TOPREC의 6단계 프레임을 활용하면 전략이 보이고 실행력이 생기는 마법 같은 경험을 하실 수 있을 거예요. 어때요, 지금부터 함께 우선순위 혁신에 도전해 볼까요?

Step 1. 업무 리스트 중 우선순위를 정할 Topic(주제) 고르기
(예시) 신제품 마케팅 기획안 작성
내 업무 중 우선순위를 정할 Topic:

Step 2. 이 업무가 중요한 이유 Origin(기원) 파악하기
(예시) 회사의 올해 최우선 과제인 신제품 출시와 직결된 업무이기 때문
이 업무가 중요한 Origin:

Step 3. 업무 추진 Process(과정) 점검하기
(예시)

① 자료 조사 및 분석 (1주)

② 마케팅 전략 기획 (2주)

③ 실행 계획 수립 (1주)

④ 경영진 보고 (1주)

이 업무의 Process:

①

②

③

④

Step 4. 이 업무의 Reason(이유) 따져보기

(예시) 신제품 성공 출시는 우리 회사의 미래이자 비전이며, 내 역량을 가장 잘 발휘할 수 있는 과제이기에

이 업무를 수행해야 하는 나만의 Reason:

Step 5. 과거의 유사 업무 Example(사례) 떠올려보기

(예시) 지난해 성공적으로 런칭했던 A 제품의 마케팅 기획안 작성 시 진행 과정과 노하우

이 업무와 유사한 성공 Example:

Step 6. 이 업무의 우선순위에 대한 Conclusion(결론) 내리기

(예시) 신제품 출시 관련 최우선 과제로, 다른 업무에 앞서 집중해서 속도감 있게 진행한다!

이 업무의 우선순위에 대한 나의 Conclusion:

〈TOPREC 업무 우선순위 체크리스트〉

- ◆ [ ] 조직의 미션과 연계성 짚어보기
- ◆ [ ] 업무의 시급성과 중요도 분석하기
- ◆ [ ] 업무의 난이도와 소요시간 예측하기
- ◆ [ ] 업무 추진 시 예상 애로사항 점검하기
- ◆ [ ] 내 역량 발휘도 진단해보기

자, 우선순위 설정을 위한 사고의 틀은 마련되었어요. 이제 이 프레임대로 매일매일 업무를 들여다보는 연습을 해 보는 거예요. 처음엔 어색하고 어려울 수 있지만 점점 요령이 생길 거예요.

조금씩 전략이 보이고 집중할 일이 명확해지는 걸 경험하실 수 있을 거예요. 내가 가진 자원으로 최고의 성과를 내는 스마트한 일잘러로 거듭나는 여정, TOPREC이 늘 함께 하겠습니다. 시작해 볼까요?

〈TOPREC 업무 우선순위 워크북 자동 작성 프롬프트〉

안녕, 너의 이름은 TOPREC 업무 혁신 코치야. 너는 효과적으로 업무 우선순위를 정하고 성과를 높일 수 있는 전략적 사고법을 알려주는 역할을 해. 내가 지금부터 줄 정보를 바탕으로 TOPREC 업무 우선순위 설정 워크북을 완성해 줘.

1. 먼저 우선순위를 정해야 할 업무 주제, 즉 Topic은 [신규 프로젝트 기획, 마케팅 캠페인 구상, 영업 전략 수립, 조직 역량 강화 방안, 제품 개선 과제, 고객 서비스 혁신, 업무 프로세스 정비, 예산 계획 작성, 팀 목표 설정]에서 고르되, 그 중에서도 [ ]을/를 선택해 보자. 그 외 주제라도 구체적이고 업무 목표가 뚜렷한 게 좋아.

2. 다음으로 이 업무가 중요하고 시급한 이유, 즉 Origin(기원)을 짚어 보자. [회사의 핵심 과제와 연계, topline 성장의 원동력, 고객 요구사항 대응, 조직 효율화에 기여, 미래 경쟁력 확보와 직결 등]처럼 전략적 관점에서 이 일을 해야 하는 이유를 고민해 봐.

3. 이제 Topic의 세부 실행 Process(과정)를 단계별로 정리해 보자. [자료 조사 및 분석, 기획안 작성, 실행 계획 수립, 유관부서 협의, 테스트 및 피드백, 최종안 확정 등]의 프로세스를 상황에 맞게 나누고, 각 단계별 소요 시간도 예상해 보는 거야.

4. 여기서 이 업무를 내가 반드시 해야 하는 Reason(이유)을 명확히 해 두는 게 중요해. [조직의 미션 달성, 장기적 성장 도모, 개인의 강점 활용과 역량 강화, 협업 기회 모색 등]의 관점에서 이 일의 가치와 의미를 되새겨 봐.

5. 비슷한 성격의 업무를 성공적으로 수행했던 Example(사례)를 참고하는 것도 도움이 될 거야. 과거 유사 프로젝트 경험담이나 동료의 모범 사례, 외부 벤치마킹 사례 등을 통해 업무 추진 노하우와 시사점을 얻어 봐.

6. 마지막으로 위의 사항을 모두 고려해 이 업무의 우선순위에 대한 Conclusion(결론)을 내려 보자. 중요도와 시급성에 따라 [최우선 과제, 중장기 전략 과제, 기타 지원 업무 등]으로 분류하고, 그에 맞는 실행 계획을 세워 봐.

(예시: 이번 달 최우선 과제로 선정하고 집중 추진하자! / 장기 성장을 위한 전략 과제로 단계별 접근이 필요하다! / 내 강점을 살려 성과를 만들어낼 수 있는 기회의 업무다!)

이상의 내용을 'TOPREC 업무 우선순위 설정 워크북' 템플릿에 맞춰 잘 정리해 줘. 그리고 전략적 우선순위 설정을 일상화할 수 있는 체크리스트 [5]개도 빼먹지 말고 만들어 줘.

4.3
메일 작성에 활용하는 TOPREC 테크닉
: 커뮤니케이션의 새로운 지평을 열다

우리는 하루에도 수십 통의 이메일을 주고받으며 소통합니다. 메일은 비즈니스 현장에서 가장 빈번하게 사용되는 커뮤니케이션 도구죠. 하지만 정작 메일 작성 실력을 제대로 갖추고 있는 사람은 많지 않은 것 같아요. 요점이 불명확하고 장황한 메일, 딱딱하고 건조한 톤의 메일, 감정적이고 공격적인 어조의 메일까지. 부적절한 메일 탓에 업무 효율은 물론 대인 관계까지 악화되는 경우를 종종 봅니다. 메일 작성, 어떻게 하면 잘할 수 있을까요?

여기 메일 작성에 날개를 달아 줄 특별한 테크닉이 있습니다. 바로 탑렉(TOPREC) 솔루션을 활용하는 겁니다. Topic(주제), Origin(기원), Process(과정), Reason(이유), Example(사례),

Conclusion(결론), 이 6단계 사고 과정을 메일에 적용하면 간결하면서도 설득력 있고, 명료하면서도 소통력 높은 메일을 작성할 수 있게 됩니다. 이 새로운 메일 작성법으로 커뮤니케이션의 품격을 높여 보는 거예요.

우선 메일을 보내기 전에 Topic(주제)부터 명확히 해야 합니다. '회의 일정 조율', '프로젝트 현안 공유', '고객 문의 사항 회신'처럼 구체적이고 함축적인 제목을 다는 게 포인트예요. 제목만 보고도 메일 내용을 짐작할 수 있게 말이죠.

본문은 Origin(기원)과 Reason(이유)을 간결하게 설명하는 것에서 시작합니다. 메일을 보내게 된 배경이 무엇인지, 수신인이 이 메일을 받아야 하는 이유가 무엇인지 한두 문장으로 요약하는 거예요. 장황한 서두는 독자의 집중력만 떨어뜨리니까요.

그다음 전달하고자 하는 내용, 즉 Process(과정)를 체계적으로 정리하세요. 목록이나 번호를 매겨 단계별로 설명하고, 중요한 사항은 볼드나 컬러로 강조하는 것도 좋아요. 한 문단에 한 가지 주제만 다루는 것도 명심하세요.

메일 작성의 기본은 경어체 사용과 맞춤법, 그리고 간결한 표현이에요. '존댓말'과 '줄임말 삼가기'도 체크 포인트!

여기서 메일 수신인의 입장을 고려하는 건 매우 중요해요. 내용이 상대방에게 어떤 영향을 줄지, 어떻게 받아들여질지 Reason(이유)을 따져 보는 거죠. 내 편의나 감정이 앞서기보다 상대의 관점에서 사고하려 노력해야 해요.

Example(사례)를 적절히 활용하는 것도 메일 작성의 팁이에요. 유사한 상황의 사례를 인용하거나 통계 자료를 제시하면 메일 내용에 신뢰감과 설득력이 더해질 거예요.

마지막으로 메일 말미에는 명확한 Conclusion(결론) 또는 Call to Action을 제시하세요. 수신인이 무엇을 해야 하는지, 언제까지 피드백을 줘야 하는지 분명히 적는 거예요. 애매모호한 끝맺음은 혼란만 가중시킬 뿐이에요.

이렇게 작성한 메일, 보내기 전에 반드시 재확인하세요. 첨부 파일이 빠지진 않았는지, 수신인을 정확히 지정했는지 체크리스트를 만들어 점검하는 습관을 들이는 것도 좋겠죠?

물론 처음엔 메일 한 통 쓰는데도 시간이 오래 걸리고 어려움을 느낄 수 있어요. 하지만 탑렉의 6단계를 계속 연습하다 보면 어느새 메일 달인이 되어 있는 자신을 발견하게 될 거예요.

간결하고 명료하며 임팩트 있는 메일 커뮤니케이션으로 업무 속도는 물론 설득력과 신뢰도까지 높일 수 있습니다. 탑렉으로 무장한 메일, 오늘부터 써 보는 거예요. 당신의 메일 실력이 비즈니스 성과를 좌우하는 핵심 스킬로 거듭나는 그날을 기대할게요!

〈TOPREC 메일 작성 워크북〉

메일 작성에 골치 아파하는 님, TOPREC 메일 전문가가 되어 보는 건 어떨까요? 탑렉의 6단계를 활용하면 메일 작성이 쉽고 재미있는 일이 될 거예요. 간결하고 정확하며 소통력 높은 메일로 비즈니스 성과를 높여 보려구요. 자, 같이 해 볼까요?

Step 1. 메일의 핵심 Topic(주제) 붙잡기
(예시) 차주 신제품 론칭 미팅 일정 조율 요청
나의 메일 Topic:

Step 2. 메일의 Origin(기원)과 Reason(이유) 제시하기
(예시) 신제품 마케팅 계획 확정을 위해 유관부서 합동 논의가 필요해 미팅을 제안하고자 합니다(Origin). 미팅에서 도출될 실행 아이디어가 론칭 성공의 핵심 요소이므로 참석을 부탁드립니다(Reason).
나의 메일 Origin/Reason:

Step 3. 메일로 전달할 내용 Process(과정) 정리하기

(예시)

1. 미팅 배경: 신제품 마케팅 전략 수립의 중요성

2. 참석 대상: 마케팅팀, 영업팀, 기획팀 PM

3. 희망 일정: 10/2 (월) 14:00~15:30 / 장소: 대회의실

4. 미팅 안건

　(1) 신제품 차별화 포인트 논의

　(2) 프로모션 채널 및 일정 확정

　(3) 사업 부서별 역할 분담

5. 사전 준비사항: 아이디어 리스트 제출 (~9/28)

나의 메일 Process:

Step 4. Example(사례) 인용하기

　(예시) 신제품 론칭 일정이 한 달도 채 남지 않은 상황입니다. 과거 A, B 제품 출시 당시에도 초기 마케팅 전략 조율이 론칭 성패를 가른 바 있기에, 최대한 빨리 머리를 맞대고 지혜를 모아야 할 때입니다.

　나의 메일에 활용할 Example:

Step 5. 명확한 Conclusion(결론) 제시하기

　(예시) 바쁘시겠지만 꼭 참석해 주시면 감사하겠습니다. 참석 가능 여부를 금주 내로 회신 부탁드립니다. 미팅에서 뵙겠습니다!

　나의 메일 Conclusion 또는 Call to Action:

Step 6. 메일 검토 & 리터치

　(예시)

- [v] 간결하고 명확한 제목 사용
- [v] 존칭어 사용 & 맞춤법 점검
- [v] 첨부 자료 포함 여부 확인
- [v] 수신인 재확인

나만의 메일 점검 항목:

〈TOPREC 메일 작성 체크리스트〉
- [ ] 3줄 이내 요약문으로 시작하기
- [ ] 전달하고자 하는 핵심 메시지 부각하기
- [ ] 번호 혹은 불릿 포인트 활용해 가독성 높이기
- [ ] 문단별 간격 띄우고 단락 나누기
- [ ] 메일 제목과 결론 일치 여부 확인하기

자, 이제 당신도 TOPREC 메일 달인이 되어 보세요. 오늘부터 탑렉 6단계를 한 번씩 연습해 보는 거예요. 메일 쓰는 게 제법 재미있어질 거예요.

메일 작성에 자신감이 붙으면 회의록, 기획안, 보고서 작성에도 탑렉을 활용해 보세요. 문서 작성의 기본기가 탄탄해질 테니까요. TOPREC으로 무장하면 당신의 커뮤니케이션 실력은 물론 비즈니스 경쟁력까지 쑥쑥 자라날 거예요. 오늘 보낼 멋진 TOPREC 메일, 기대할게요!

〈 TOPREC 메일 작성 워크북 자동 작성 프롬프트〉

안녕, 너의 이름은 TOPREC 이메일 전문가야. 너는 사람들이 효과적이고 설득력 있는 이메일을 작성할 수 있도록 탑렉의 6단계 사고법을 알려주는 역할을 해. 내가 지금부터 줄 정보를 바탕으로 TOPREC 메일 작성 워크북을 완성해 줘.

1. 우선 보내고자 하는 메일의 주제, 즉 Topic은 [회의 일정 조율, 프로젝트 진행 상황 공유, 태스크 분담 요청, 고객 문의 응대, 제안서 피드백 요청, 데이터 자료 공유, 의사결정 지연 사항 알림, 실행 계획 수립 논의, 팀원 격려 메시지]에서 선택하되, 그 중에서도 [   ]을/를 골라 보자. 메일 제목은 구체적이고 명확해야 해.

2. 다음으로 이 메일을 쓰게 된 배경, 즉 Origin(기원)을 설명해 보자. [프로젝트 일정 준수를 위한 진척 점검 필요, 예산 이슈로 인한 우선순위 조정, 고객 요구사항 변경에 따른 대응 등]처럼 메일을 보내는 이유를 간략히 써 보는 거야.

3. 이제 메일의 본문에서 다룰 내용을 Process(과정)대로 정리해 보자. [현안 이슈 및 해결 방안, 수정 사항 및 조치 결과, 도움 요청 사항 및 기한, 회의 안건 및 토의 포인트 등]을 단계별로 또는 주제별로 구분해서 명료하게 전달하는 게 핵심이야.

4. 여기서 메일에서 강조하고 싶은 요점을 명확히 해야 해. 바로 수신인

이 이 메일을 읽어야 하는 Reason(이유)을 제시하는 거야. [프로젝트 성공을 위한 협조 요청, 의사결정이 지연될 경우의 파급 효과 등]을 근거로 메일의 중요성을 어필해 봐.

5. 메일 본문에서 관련 사례나 데이터를 Example(사례)로 인용하는 것도 효과적이야. 과거 유사 상황의 경험이나 참고할 만한 자료가 있다면 메일에 포함시켜 봐. 단, 사례는 간결하게 소개하는 게 좋아.

6. 메일 끝맺음 시에는 수신인이 취해야 할 액션을 Conclusion(결론)으로 명시해 주는 게 중요해. [의견 주시기 바랍니다, 기한 내 회신 부탁드립니다, 참석 여부를 알려 주세요 등]처럼 구체적인 요청 사항이나 기대 사항을 분명히 전달하자.

(예시: 프로젝트 성공을 위해 적극적인 협조 부탁드립니다! / 의사결정이 늦어질 경우 GO LIVE 일정이 차질을 빚게 됩니다. 조속한 검토 부탁드립니다! / 우수 사례 공유로 팀원들의 동기부여를 높여 주시길 바랍니다!)

이상의 내용을 'TOPREC 메일 작성 워크북' 템플릿에 맞춰 정성껏 완성해 줘. 그리고 수신인 관점에서 메일을 점검할 수 있는 체크리스트도 [5] 개 만들어 줘.

4.4
고객 응대에 적용하는 TOPREC 전략
: 불만에서 감동으로, 서비스 혁명의 첫걸음

우리는 종종 고객의 불만과 클레임에 마주하곤 합니다. 서비스 문제, 예상치 못한 상황으로 인한 불편 등 고객의 기대에 미치지 못했을 때, 그들의 실망과 분노를 감당하기란 결코 쉽지 않죠. 이럴 때일수록 고객의 입장에서 생각하고 전략적으로 소통하는 것이 중요합니다. 그러나 막상 고객 앞에서는 당황해서 적절한 대응을 하지 못하고, 사태를 더 악화시키는 경우가 많아요. 감정적으로 대응하거나, 적당히 둘러대거나, 책임을 회피하려 들거나. 우리는 어떻게 해야 고객의 불만을 감동으로 바꿀 수 있을까요?

이제 고객 응대에 날개를 달아 줄 특별한 전략을 소개합니다. 바로 탑렉(TOPREC) 솔루션을 활용하는 거예요. Topic(주제), Origin(기원), Process(과정), Reason(이유), Example(사례),

Conclusion(결론)의 6단계 사고 과정을 고객 응대에 적용하면, 문제 해결은 물론 고객과의 관계를 한층 돈독히 하는 서비스 혁명을 일으킬 수 있습니다. 고객의 불만이 오히려 감사와 신뢰로 바뀌는 기적 같은 경험, 한번 상상해 볼까요?

우선 고객이 제기한 불만의 핵심 Topic(주제)를 명확히 파악해야 합니다. "상품의 하자", "배송 지연", "직원의 불친절" 같이 문제의 본질을 한 문장으로 규정하는 거예요. 애매모호한 상태로는 해법을 찾기 어려우니까요.

다음으로 왜 이런 문제가 발생했는지 Origin(기원)을 살펴봐야겠죠. 내부 프로세스의 미비였을까요, 협력사의 실수였나요, 아니면 불가항력의 상황이었나요. 근본 원인을 투명하게 공유하는 것이 해법 모색의 출발점이 될 거예요.

그 다음은 해결 Process(과정)를 구체적으로 설명해야 할 때입니다. 문제를 인지한 후 어떤 조치를 취했는지, 앞으로 어떤 프로세스로 해결해 나갈 것인지 단계별로 소개하는 거예요. 고객의 불안감을 해소하고 신뢰를 얻는 데 큰 도움이 될 거예요.

여기서 Reason(이유)을 진솔하게 전하는 게 중요해요. 회사 입장에서가 아니라 고객의 관점에서 문제를 바라보고, 그들의 상황과 감정에 공감하는 자세가 필요합니다. 진심어린 사과와 함께 고객 불편을 최소화하기 위해 최선을 다하겠다는 의지를 보여주세요.

이 과정에서 Example(사례)를 적절히 활용하는 것도 좋은 방법이에요. 유사한 문제를 성공적으로 해결한 사례, 혹은 해당 상황에서 배울 점을 담은 교훈적인 이야기 등을 나누는 거예요. 회사에 대한 고객의 신뢰도를 제고하는 데 효과적일 거예요.

끝으로 고객에게 명확한 Conclusion(결론)을 제시하는 게 서비스 혁명의 마침표가 될 거예요. 문제 해결을 넘어 고객 만족을 위해 어떤 노력을 기울일 것인지, 어떤 보상 방안을 마련했는지 구체적으로 알려주는 거예요. 불만이 감동으로 바뀌는 순간이 바로 이 지점이에요.

물론 처음엔 이 모든 과정이 쉽지만은 않을 거예요. 문제 상황에 휘말려 당황하기 일쑤니까요. 하지만 탑렉의 6단계를 머릿속에 새기고 꾸준히 훈련한다면, 어느새 당신은 고객 감동 전문가로 거듭나 있을 거예요.

고객의 불만도 서비스 개선의 기회이자 혁신의 원동력임을 잊지 마세요. 탑렉으로 무장한 고객 응대, 오늘부터 연습해 보는 건 어떨까요? 당신의 진심이 통하는 그 순간, 고객의 마음을 사로잡는 감동의 서비스가 시작될 테니까요.

〈TOPREC 고객 응대 전략 수립 워크북〉

고객 응대가 두렵고 버거웠던 여러분, TOPREC 고객 감동 전문가에 도전해 보시겠어요? 탑렉 6단계 전략을 활용하면 어떤 불만도 감동으로 바꿀 수 있답니다. 고객의 마음을 사로잡는 서비스 혁명, 함께 만들어 가 봐요!

Step 1. 고객이 제기한 불만의 핵심 Topic(주제) 파악하기
(예시) 주문한 상품이 약속한 배송일보다 2일 늦게 도착했음
고객 불만의 Topic:

Step 2. 문제 발생의 근본 원인 Origin(기원) 분석하기
(예시) 해당 상품의 재고 부족 & 협력사의 배송 지연으로 납기를 맞추지 못함.
문제 발생의 Origin:

Step 3. 해결 방안과 향후 계획의 Process(과정) 수립하기
(예시)
1. 고객에게 즉각 사과 연락 및 상황 설명
2. 협력사에 문제 제기 및 개선 요구
3. 해당 고객에 추가 할인 쿠폰 제공
4. 전사 재고관리 및 배송시스템 점검

5. 유사 상황 재발 방지 매뉴얼 마련

문제 해결 Process:

Step 4. 고객 입장에서 공감하고 소통할 Reason(이유) 마련하기

(예시) 고객님의 소중한 시간과 기대에 부응하지 못해 진심으로 죄송합니다. 무엇보다 고객님의 신뢰를 저버린 점 깊이 반성하고 있습니다. 고객님의 불편을 최소화하고 만족을 드리기 위해 최선의 노력을 다하겠습니다.

고객 공감 메시지 Reason:

Step 5. 해당 상황에 유용한 Example(사례) 공유하기

(예시) 과거 유사한 배송 문제가 발생했을 때, 고객 불편 최소화를 위해 주문 상품을 직접 전달해 드리고 할인 혜택을 제공한 바 있습니다. 그 경험을 토대로 이번에도 고객님께 신속하고 최선의 서비스를 제공할 수 있도록 하겠습니다.

현 상황에 적절한 Example:

Step 6. 문제 해결을 넘어 감동 서비스로 발전시킬 Conclusion(결론) 도출하기

(예시) 이번 일을 계기로 고객님께 보다 앞선 서비스를 제공할 수 있도록 사내 프로세스 혁신에 박차를 가하겠습니다. 오늘의 배송 문제로 인해 고객님께 불편을 끼쳐 드린 점 거듭 사과의 말씀을 드리며, 주문하신 상품 외에 노후 가전 무상 점검 서비스 쿠폰을 함께 보내드립니다. 언제나 기대 이상의 서비스로 보답해 드릴 것을 약속드립니다.

서비스 혁신 Conclusion:

〈TOPREC 고객 응대의 감동 체크리스트〉
◆ [ ] 고객 감정에 공감하고 경청하기
◆ [ ] 문제 상황을 투명하게 공유하기
◆ [ ] 진심 어린 사과의 말 전하기
◆ [ ] 해결 방안을 구체적으로 제시하기
◆ [ ] 고객 만족도를 지속 체크하기

이제 TOPREC 프레임을 고객 응대에 적극 활용해 보세요. 고객의 불만이 들려올 때 가장 먼저 탑렉 6단계를 떠올려 봐요. 하나씩 체크해 가다 보면 어느새 고객의 마음을 사로잡는 여러분만의 감동 서비스가 완성될 거예요.

TOPREC으로 차별화된 고객 소통, 오늘부터 연습해 볼까요? 불만 제로, 감사 폭발의 고객 응대! 여러분이라면 충분히 해낼 수 있어요. 고객의 웃음으로 보답하는 그날까지, TOPREC이 여러분의 든든한 지원군이 되어 드릴게요!

〈TOPREC 고객 응대 전략 수립 워크북 자동 작성 프롬프트〉

안녕, 너의 이름은 TOPREC 고객 감동 전문가야. 너는 기업들이 고객 불만을 감동으로 바꾸고 고객과의 관계를 돈독히 할 수 있도록 탑렉의 6단계 전략을 활용한 맞춤형 고객 응대법을 제안하는 역할을 해. 내가 지금부터 줄 정보를 바탕으로 TOPREC 고객 응대 전략 수립 워크북을 완성해 줘.

1. 먼저 고객이 제기한 불만 사항의 핵심 주제, 즉 Topic은 [상품 하자, 배송 지연, 직원 불친절, 약속 불이행, 가격 불만, 품질 이슈, 서비스 부족, 정책 변경 관련 문의, 타사 대비 경쟁력 부재]에서 선택하되, 그 중에서도 [ ]을/를 중심으로 파악해 보자. 고객의 불만을 한 문장으로 명확히 규정하는 게 중요해.

2. 다음으로 문제 발생의 근본 원인, 즉 Origin(기원)을 따져 보자. [내부 프로세스 미비, 협력사 실수, 직원 교육 부족, 예측하지 못한 외부 변수 발생, 커뮤니케이션 오류 등]과 같이 회사 차원에서 원인을 투명하게 분석하는 자세가 필요해.

3. 이제 이 문제를 어떻게 해결할 지 Process(과정)를 구체적으로 정리해 보자. [문제 상황 인지 및 공유 → 고객 사과 및 보상 → 근본 원인 분석 및 해결 방안 모색 → 프로세스 개선 및 재발 방지책 마련 → 전 직원 교육 및 서비스 혁신 등]의 일련의 과정을 단계적으로 설명할 수 있어야 해.

4. 여기서 고객의 입장에서 공감하고 소통하는 자세가 무엇보다 중요하다는 걸 잊지 마. 우리가 고객의 불편함에 진심으로 공감하고 책임감을 가지고 문제 해결에 임하는 Reason(이유)을 고객에게 진정성 있게 전달해야 해.

5. 고객 응대 시에는 과거 유사한 문제를 효과적으로 해결한 사례나 회사 차원의 서비스 혁신 노력 등을 Example(사례)로 제시하는 것도 좋은 방법이야. 이는 고객의 신뢰를 회복하는 데 큰 도움이 될 거야.

6. 마지막으로 고객의 불만을 단순히 해결하는 것을 넘어, 고객 감동의 경험으로 승화시키기 위한 Conclusion(결론)을 제시하는 게 중요해. 문제 해결 후 어떤 혜택과 가치를 제공할 것인지, 고객과의 관계를 어떻게 발전시켜 나갈 것인지 구체적인 비전을 제시하자.

(예시: 이번 일을 계기로 고객 중심의 서비스 혁신을 통해 업계 최고의 고객 감동 브랜드로 거듭나겠습니다! / 단순히 불만 해결을 넘어, 고객님과 평생 동행하는 브랜드가 되고자 최선을 다하겠습니다! / 고객님의 소중한 피드백을 발판 삼아 고객 가치 혁신을 이뤄내는 기업이 되겠습니다!)

이상의 내용을 'TOPREC 고객 응대 전략 수립 워크북' 템플릿에 맞게 잘 채워 넣어 줘. 그리고 고객의 마음을 사로잡는 감동 서비스의 핵심 요소를 체크리스트로 [5]개 만들어 봐.

4.5
데이터 분석을 혁신하는 TOPREC 사고
: 인사이트 발굴을 넘어 전략 수립으로

급변하는 비즈니스 환경 속에서 데이터에 기반한 의사결정은 이제 선택이 아닌 필수가 되었습니다. 데이터 분석은 단순히 정보를 요약하고 시각화하는 차원을 넘어, 비즈니스 인사이트를 발굴하고 전략을 수립하는 핵심 역량으로 자리매김했죠. 하지만 막상 데이터 분석 프로젝트를 진행하다 보면 방대한 데이터 속에서 길을 잃고 헤매는 경우가 많습니다. 분석 결과는 겉으로 화려해 보이지만 실제 비즈니스 맥락과는 동떨어진 인사이트를 제시하곤 하죠. 우리는 어떻게 하면 데이터의 힘을 진정 경영 전략에 활용할 수 있을까요?

바로 여기, 데이터 분석에 돌파구를 마련해줄 강력한 사고법이 있습니다. TOPREC 솔루션을 활용하는 거예요. Topic(주제), Origin(기원), Process(과정), Reason(이유), Example(사례), Conclusion(결론)의 6단계 사고 과정을 데이터 분석에 적용하면, 단순한 데이터 나열을 넘어 전략적 인사이트를 도출하고 비즈니스 임팩트를 창출하는 데이터 분석 혁명을 일으킬 수 있어요. 지금부터 그 놀라운 여정을 함께 떠나 볼까요?

먼저 데이터 분석의 Topic(주제)을 명확히 정의하는 것에서 시작합니다. "고객 이탈 원인 분석", "마케팅 캠페인 효과 측정" 같이 구체적이면서도 비즈니스 가치와 직결되는 주제를 선정하는 거예요. 분석 목적이 모호하면 아무리 많은 데이터를 모아도 실질적인 성과로 연결되기 어렵습니다.

이어서 Origin(기원), 즉 이 분석이 필요하게 된 배경을 깊이 있게 파고들어야 합니다. 최근 고객 이탈율이 높아진 걸까요? 마케팅 예산 대비 성과가 저조한 걸까요? 데이터 분석의 동기를 명확히 인지하는 것이 분석 방향성을 잡는 지표가 될 거예요.

본격적으로 데이터를 분석할 때는 체계적인 Process(과정)를 설계하는 것이 중요합니다. 문제 정의 → 데이터 수집 → 데이터 전처리 → 데이터 분석 → 시각화 → 인사이트 도출의 일련의 과정을 논리적 흐름에 따라 단계별로 수행하는 거죠. 이 과정을 촘촘히 기획할수록 데이터 분석의 질이 높아집니다.

여기서 잊지 말아야 할 것은 Reason(이유), 즉 왜 이 데이터가 중요하고 어떤 비즈니스 맥락과 연결되는지를 끊임없이 질문하는 것입니다. 고객 이탈과 연령대 간 상관관계가 있다면 그 이유는 무엇일까요? 이탈 고객의 구매 패턴에서 어떤 특징이 발견되나요? 데이터 이면의 '왜?'를 탐구하는 자세야말로 전략적 인사이트의 출발점이 될 거예요.

데이터 분석의 설득력을 높이기 위해선 Example(사례)를 적극 활용하는 것도 좋습니다. 업계 베스트 프랙티스 벤치마킹하기, 데이터 기반 의사결정으로 성공한 타사 사례 참고하기 등 다양한 레퍼런스를 분석에 녹여내는 거죠. 검증된 사례는 데이터 분석 결과에 힘을 실어줄 거예요.

이 모든 과정을 통해 Conclusion(결론) 즉, 전략적 인사이트와 액션플랜을 도출해야 합니다. 분석에서 그치는 것이 아니라 '그래서 우리는 무엇을 해야 하는가?'라는 질문에 답할 수 있어야 하는 거죠. 고객 세분화 전략 수립하기, 개인화 마케팅 캠페인 설계하기 등 데이터 기반의 구체적인 실행 방안까지 제시할 때 비로소 데이터 분석의 가치가 빛을 발하게 됩니다.

물론 TOPREC 사고로 데이터 분석을 혁신한다는 게 결코 하루아침에 되는 일은 아닙니다. 기존의 관행에서 벗어나 새로운 관점에서 데이터를 바라보는 것, 많은 노력과 시간이 필요한 일이죠. 하지만 포기하지 마세요. 데이터는 분명 우리 비즈니스의 나침반이 되어줄 거니까요. 인내심을 갖고 탑렉 프레임을 적용해 나간다면, 어느새 데이터 분석은 우리 경영의 핵심 무기가 되어 있을 테니까요.

이제 TOPREC 렌즈를 통해 우리 비즈니스를 새로운 시각에서 바라보는 여정을 시작해 볼까요? 주제를 명확히 하고, 배경을 깊이 탐색하며, 체계적인 분석의 단계를 밟고, 데이터 이면의 이유를 질문하고, 사례의 지혜를 얻으며, 전략적 결론에 도달하는 그 과정 자체가 우리를 성장시키는 원동력이 될 거예요.

어서 와요, TOPREC으로 데이터 분석의 혁신을 향한 항해. 출발해 볼까요?

〈TOPREC 전략적 데이터 분석 워크북〉

데이터 분석가 여러분, 깊이 있는 데이터 통찰력으로 경영진의 의사결정을 선도하는 전략 파트너가 되어 보시겠어요? TOPREC 6단계 사고법을 활용하면 수많은 데이터에서 핵심을 꿰뚫는 통찰을 이끌어낼 수 있답니다. 자, 함께 도전해 볼까요?

Step 1. 데이터 분석의 핵심 Topic(주제) 정의하기

(예시) 고객 이탈 원인 규명을 통한 효과적인 고객 유지 전략 수립

우리 분석 프로젝트의 Topic:

Step 2. 이 분석이 필요하게 된 Origin(기원) 탐색하기

(예시) 최근 6개월간 고객 이탈율이 전년 동기 대비 20% 증가. 장기적 매출 하락이 우려되는 상황임.

우리가 이 분석을 하게 된 Origin:

Step 3. 체계적 데이터 분석 Process(과정) 설계하기

(예시)

1. 문제 정의 및 가설 설정
2. 고객 데이터 수집 (이탈 고객 조사, 고객 행동 데이터 등)
3. 데이터 전처리 및 품질 검증
4. 다각도 데이터 분석 (RFM 기반 세분화, 이탈 원인 상관분석 등)
5. 분석 결과 시각화 및 리포팅
6. 전략적 인사이트 도출 및 액션플랜 수립

우리 분석 프로젝트의 Process:

Step 4. 데이터가 주는 Reason(이유)을 질문하기

(예시) 30대 고객의 이탈율이 두드러지는 이유는 무엇일까? 이탈 고객들의 구매 주기에서 어떤 변화가 포착되는가? 경쟁사 대비 우리 브랜드의 차별적 가치는 무엇인가?

우리 데이터에 던져 볼 질문 Reason:

Step 5. 전략 도출에 도움 될 Example(사례) 찾아보기

(예시) A사의 고객 프로파일링 기반 맞춤형 서비스 도입 사례, B사의 빅데이터 기반 고객 관계 관리 우수 사례 등

우리 분석에 참고할 만한 Example:

Step 6. 전략적 인사이트와 액션플랜 Conclusion(결론) 내리기

(예시) 30대 이탈 고객 특성을 반영한 라이프스타일 기반 세분화 마케팅 전략 수립, 주력 상품의 가격 경쟁력 제고, 개인화된 멤버십 혜택 도입을 통한 고객 로열티 강화 등

우리 데이터 분석의 전략적 Conclusion:

〈TOPREC 데이터 기반 의사결정 체크리스트〉
- ◆ [ ] 분석 목적과 활용 방안을 명확히 하였는가?
- ◆ [ ] 필요한 데이터는 빠짐없이 수집하고 있는가?
- ◆ [ ] 분석 과정에서 크로스 체크와 검증을 거쳤는가?
- ◆ [ ] 분석 결과물이 경영진이 이해할 수 있는 수준인가?
- ◆ [ ] 분석 인사이트를 전략과 실행으로 연결하였는가?

이제 여러분도 TOPREC 파워로 무장한 데이터 분석 전문가로 거듭나실 준비가 되셨나요? 오늘부터 하나씩 데이터 프로젝트에 적용해 보세요. 머지않아 여러분의 분석 결과가 조직의 의사결정을 좌우하는 핵심 자산이 되어 있을 거예요.

TOPREC과 함께라면 데이터는 더 이상 두렵고 복잡한 존재가 아닙니다. 우리 비즈니스의 혁신을 이끄는 날카로운 통찰의 원천, 바로 여러분의 손 안에 있으니까요. 자, 출발해 볼까요? 여러분 모두를 데이터 혁명의 선봉장으로 응원하겠습니다!

〈TOPREC 전략적 데이터 분석 워크북 자동 작성 프롬프트〉

안녕, 너의 이름은 TOPREC 데이터 분석 혁신가야. 너는 기업들이 데이터 분석을 전략적 의사결정에 활용할 수 있도록 탑렉의 6단계 사고법을 전파하는 역할을 해. 내가 지금부터 줄 정보를 바탕으로 TOPREC 전략적 데이터 분석 워크북을 완성해 줘.

1. 우선 이번 데이터 분석 프로젝트의 핵심 주제, 즉 Topic은 [고객 세분화, 마케팅 성과 분석, 영업 최적화, 제품 개선, 효율적 운영, 리스크 관리, 수요 예측, 신사업 기회 탐색, 조직 혁신 등]과 같은 것들이 있는데, 그중에서도 [   ]을/를 중심으로 정의해 보자. 주제는 구체적이면서도 비즈니스 임팩트가 큰 것이 좋아.

2. 다음으로 이번 분석이 필요하게 된 배경, 즉 Origin(기원)을 찾아 보자. [매출 하락에 대한 대응 필요, 신제품 론칭 전 시장 분석, 고객 불만 급증에 따른 개선안 모색, 비용 증가 요인 파악 및 효율화 등]과 같이 분석의 동기와 배경을 명확히 해 두는 게 중요해.

3. 이제 데이터 분석의 구체적인 Process(과정)를 설계해 보자. [문제 정의 → 데이터 수집 → 전처리 → 분석 → 시각화 → 인사이트 도출 → 전략 수립 → 실행 및 모니터링]의 일반적 과정을 토대로, 이번 프로젝트에 최적화된 단계별 계획을 세워 보는 거야.

4. 분석 과정에서는 데이터가 제공하는 Reason(이유)을 끊임없이 질문해야 해. 단순히 '무엇'을 넘어 '왜'에 대한 호기심이 곧 통찰의 출발점이 되니까. [특정 상품의 매출이 저조한 이유는 무엇일까? 이탈 고객들에게서 발견되는 공통점은? 등]처럼 말이야.

5. 다른 기업들의 데이터 활용 사례인 Example(사례)을 분석에 참고하는 것도 큰 도움이 될 거야. 업계 선도 기업들은 어떻게 데이터를 전략적 의사결정에 활용하고 있는지, 우리에게 큰 영감을 줄 수 있을 거야.

6. 끝으로 이 모든 분석 과정을 거쳐 전략적 인사이트와 액션플랜을 담은 Conclusion(결론)을 도출해 내는 것이 가장 중요해. 단순히 분석에 그치는 것이 아니라 '그래서 우리가 어떤 선택을 해야 하는가'라는 전략적 질문에 대한 답을 제시할 수 있어야 한다는 거지.

(예시: 이번 데이터 분석 결과를 토대로 [고객 맞춤 마케팅 자동화 시스템 도입]을 제안합니다! / 분석 인사이트를 바탕으로 [프리미엄 라인 신제품 출시]가 매출 증대에 기여할 것으로 예상됩니다! / 데이터 분석으로 도출된 개선안을 적용해 [공급망 관리 효율화]를 이뤄내야 합니다!)

이상의 내용을 'TOPREC 전략적 데이터 분석 워크북' 템플릿에 잘 정리해줘. 그리고 분석 인사이트가 실제 의사결정과 실행으로 연결되기 위해 필요한 핵심 사항 체크리스트도 [5]개만 만들어 봐.

4.6
신제품/서비스 기획에 적용하는 TOPREC 프로세스
: 창의성과 사업성의 완벽한 조화

새로운 제품이나 서비스를 개발하는 일, 그 열정 가득한 도전의 여정이 쉽지만은 않죠? 아이디어 구상부터 콘셉트 정립, 사업성 분석, 리소스 확보, 개발 및 출시 등 수많은 관문을 거쳐야만 빛을 보게 되니까요. 게다가 그 모든 과정이 불확실성의 연속이라 더욱 힘들게 느껴집니다. 아무리 획기적인 아이디어라도 시장에서 외면받으면 무용지물이 되어버리기 십상이죠. 반대로 평범할 것 같았던 아이템이 뜻밖의 성공을 거두기도 하고요. 이 험난한 길을 헤쳐나가기 위해 우리에겐 무엇이 필요할까요?

바로 여기, 신제품/서비스 기획에 날개를 달아줄 마법 같은 프로세스가 있습니다. TOPREC 솔루션을 활용하는 거예요. Topic(주제), Origin(기원), Process(과정), Reason(이유), Example(사례),

Conclusion(결론)의 6단계 과정을 신제품/서비스 개발의 전 과정에 적용하면, 창의성과 사업성을 모두 담보하는 혁신적 결과물을 만들어낼 수 있습니다. 이제부터 그 과정을 하나씩 알아볼까요?

먼저 개발하고자 하는 제품/서비스의 Topic(주제)을 명확히 규정하는 것이 출발점입니다. "MZ세대 겨냥 모바일 앱 개발", "친환경 소재 활용 의류 라인 신설" 등 구체적이면서도 타깃이 분명한 주제 선정이 필수예요. 여기에 Origin(기원), 즉 해당 아이템을 구상하게 된 배경을 덧붙이면 개발 방향성이 한층 선명해질 거예요. 최근 부상한 시장 트렌드, 고객 니즈의 변화, 기술 혁신의 영향 등을 꼼꼼히 짚어 보세요.

다음은 구체적인 개발 Process(과정) 설계할 차례입니다. 컨셉 수립 → 타깃 고객 분석 → 경쟁사 벤치마킹 → 핵심 기능 정의 → 프로토타입 개발 → 사업성 검토 → 리소스 및 일정 계획 수립 등 단계별로 필요한 태스크를 나열해 보세요. 이때 각 과정에서 창의성과 전략적 사고를 발휘할 수 있는 장치를 마련하는 것이 중요해요. 아이디어 발산을 위한 브레인스토밍, 고객 관점을 반영한 공감 지도 작성, 크로스펑셔널 인사이트 공유 등 다양한 협업의 기회를 적극 활용하는 거예요.

여기서 잠깐, 우리가 왜 이 제품/서비스를 만들어야 하는지 근본적인 Reason(이유)을 곱씹어 볼 필요가 있어요. 단순히 매출을 높이려는 목적을 넘어, 고객에게 어떤 새로운 가치를 전달할 수 있을지 끊임없이 자문해 봐야 해요. 사용자의 일상을 획기적으로 개선하고, 사회적 임팩트를 창출하며, 차별화된 브랜드 경험을 선사하는 것. 그것이야말로 성공적인 신제품/서비스가 갖춰야 할 본질적 조건이라는 걸 명심하세요.

개발 과정에서는 다양한 Example(사례)을 면밀히 분석하는 것도 도움이 될 거예요. 유사 제품의 성공/실패 사례, 다른 산업의 혁신 사례, 고객 인터뷰와 피드백 등 다각도로 인사이트를 취합하고 발전 방향을 모색하는 거죠. 뻔한 길을 가기보다 새로운 영감의 원천을 찾아 나서는 개척자의 자세가 필요해요.

이 모든 과정을 거쳐 탄생한 결과물이 바로 최종 Conclusion(결론)이 되겠죠. 하지만 단순히 제품/서비스 출시에 그치는 게 아니라, 이를 통해 우리 조직이 창출할 수 있는 새로운 기회와 도전 과제까지 짚어 보는 것이 진정한 의미의 결론이 될 거예요. 이번 신제품이 고객의 삶은 물론, 우리 기업과 시장 전반에 어떤 변화를 일으킬 수 있을지 상상력을 발휘해 보세요.

물론 TOPREC의 6단계를 따른다고 해서 신제품/서비스 개발이 로켓처럼 순조롭게 진행되는 건 아닙니다. 수많은 시행착오와 우여곡

절이 기다리고 있겠죠. 하지만 포기하지 마세요. 창의성과 사업성의 완벽한 조화를 향한 도전, 결코 쉽지 않은 길이지만 반드시 가야 할 길이에요. 그 험난한 여정을 더욱 가치 있게 만들어줄 나침반, 바로 TOPREC 프로세스가 여러분 곁에 있으니까요.

자, 이제 TOPREC 프로세스로 신제품/서비스 개발에 혁신을 불어넣어 볼까요? 명확한 주제 설정으로 방향성을 잡고, 시장과 고객에 대한 통찰로 기획을 구체화하고, 창의적 협업으로 새로운 아이디어를 발굴하고, 사업성 검증으로 지속가능성을 담보하는 그 여정의 시작. 지금부터가 진짜 레이스의 시작이에요.

여러분의 열정과 상상력을 TOPREC의 6색 렌즈에 실어보내는 거예요. 세상을 뒤흔들 혁신의 물결, 여러분이 주인공이 되어 써 내려갈 그 위대한 스토리. 차원이 다른 제품과 서비스로 시장의 판도를 바꿔놓을 그날을 함께 그려봅니다. TOPREC이 여러분의 도전을 응원하겠습니다!

〈TOPREC 신제품/서비스 개발 프로세스 워크북〉

신제품/서비스 기획자 여러분, TOPREC 혁신 프로세스로 창의성과 사업성을 동시에 잡는 마법을 경험해 보고 싶으신가요? 상상을 현실로 만드는 6단계 여정, 지금부터 시작해 볼까요?

Step 1. 개발 아이템의 핵심 Topic(주제) 정의하기

(예시) 실버 세대를 위한 건강 관리 모바일 앱 개발

우리 신제품/서비스의 Topic:

Step 2. 해당 아이템 개발 배경 Origin(기원) 탐색하기

(예시) 고령 인구의 급증과 건강에 대한 관심 증대, 실버 테크 시장의 성장세를 주목함. 사용성과 전문성을 갖춘 맞춤형 건강 솔루션에 대한 니즈 포착.

우리 아이템 개발의 Origin:

Step 3. 체계적 개발 Process(과정) 설계하기

(예시)
1. 사용자 리서치 및 요구사항 분석
2. 주요 기능 정의 및 콘셉트 개발
3. 프로토타입 제작 및 사용성 테스트
4. 시장 분석 및 사업 타당성 검토
5. 서비스 구현 및 론칭 준비
6. 마케팅 및 판촉 계획 수립

신제품/서비스 개발 Process:

Step 4. 개발의 근본적 Reason(이유)을 질문하기

(예시) 단순히 실버 시장 공략을 넘어, 노년층의 건강하고 활기찬 삶에 기여하고자 함. 사용자의 자존감 향상과 가족 간 유대 강화까지 이뤄낼 수 있는 가치 있는 서비스를 지향함.

우리가 이 아이템을 만드는 Reason:

Step 5. 영감을 줄 Example(사례) 찾아보기

(예시) 미국 실버 세대 대상 원격의료 서비스 'A'의 성공 사례, 국내외 실버 테크 스타트업 'B'의 혁신 비즈니스 모델 등

우리 개발에 참고할 만한 Example:

Step 6. 프로젝트 완수의 Conclusion(결론) 그려보기

(예시) 이번 프로젝트를 통해 실버 세대의 건강 관리 패러다임을 앱 하나로 바꾸는 혁신을 이뤄낼 것입니다. 노년층의 삶의 질 제고는 물론, 고령 사회 문제 해결을 선도하는 임팩트 비즈니스로 자리매김할 것입니다!

우리 신제품/서비스 개발의 Conclusion:

〈신제품/서비스 개발을 위한 TOPREC 혁신 체크리스트〉
- ◆ [ ] '세상에 없던 것'에 도전하는 창의성 발휘하기
- ◆ [ ] 개발 전 과정에 고객 관점 녹여내기
- ◆ [ ] 크로스 기능 협업으로 통합적 사고하기
- ◆ [ ] 개발 과정의 불확실성을 기회로 전환하기
- ◆ [ ] 사업성과 사회적 임팩트의 조화 추구하기

이제 여러분의 아이디어가 빛을 발할 시간이에요. TOPREC 프로세스를 나침반 삼아, 창의성의 날개를 활짝 펼쳐 보세요. 생각의 경계를 넘나드는 상상, 이를 구현해내는 전략과 실행, 불가능할 것 같

왔던 혁신을 현실로 만드는 위대한 도전.

TOPREC 워크북을 펼치는 순간, 여러분의 머릿속에 이미 근사한 신제품/서비스의 청사진이 그려지고 있을 거예요. 세상을 변화시킬 특별한 무언가, 바로 여러분의 손끝에서 탄생하게 될 테니까요.

창의성과 사업성의 만남, 그 경이로운 결실을 위한 항해. TOPREC과 함께 새로운 가능성의 세계로 출발해 볼까요? 여러분의 모든 상상과 도전의 순간을 응원하겠습니다!

〈TOPREC 전략적 데이터 분석 워크북 자동 작성 프롬프트〉

안녕, 너의 이름은 TOPREC 신제품/서비스 혁신가야. 너는 기업들이 창의성과 사업성을 겸비한 신제품과 서비스를 개발할 수 있도록 탑렉의 6단계 프로세스를 전파하는 역할을 해. 내가 지금부터 줄 정보를 바탕으로 TOPREC 신제품/서비스 개발 프로세스 워크북을 완성해 줘.

1. 먼저 우리가 개발하고자 하는 신제품/서비스의 핵심 주제, 즉 Topic은 [실버 세대 맞춤 O2O 서비스, 친환경 소재 기반 육아용품 라인, 구독형 반려동물 케어 플랫폼, 영상 기반 온라인 학습 콘텐츠, 개인 맞춤형 건강기능식품 등]과 같은 것들이 있는데, 그중에서도 [ ]을/를 택해 보자. 명확하고 매력적인 콘셉트가 담긴 주제여야겠지?

2. 다음으로 이 아이템을 구상하게 된 배경, 즉 Origin(기원)을 짚어 보자. [언택트 시대의 새로운 소비 트렌드 부상, 기술 혁신에 따른 맞춤형 제품 수요 증가, MZ세대의 취향 변화, 지속 가능성에 대한 관심 증대 등]과 같이 신제품/서비스의 존재 이유를 분명히 해야 해.

3. 본격적으로 개발 프로세스를 그려 볼 차례야. 바로 Process(과정)를 체계적으로 설계하는 거지. 우리 아이템에 최적화된 단계별 액션 플랜을 [시장 조사 및 컨셉 정립 → 사용자 중심 디자인 → 핵심 기술/기능 개발 → 프로토타입 제작 및 테스트 → 파일럿 런칭 및 개선 → 정식 출시 및 마케팅]과 같이 구성해 봐.

4. 여기서 우리가 절대 잊지 말아야 할 건, 왜 이 제품/서비스가 필요한지에 대한 근본적인 질문이야. 바로 Reason(이유)을 끊임없이 자문하고 답을 찾아가는 과정이 중요하다는 거야. 고객에게 어떤 새로운 경험과 혜택을 줄 수 있는지, 사회적으로 어떤 긍정적 영향을 끼칠 수 있을지 고민하는 거지.

5. 우리 개발 과정에서 좋은 영감을 줄 사례, 즉 Example(사례)도 꼭 찾아봐야겠지? 선도적인 경쟁사 제품이나 유사 서비스의 사례, 전혀 다른 영역에서 발견한 혁신적 아이디어까지 폭넓게 연구해 보는 거야. 이런 사례들이 우리만의 신제품/서비스를 창조하는 원천이 될 수 있거든.

6. 자, 이제 우리의 신제품/서비스 개발이 가져올 변화를 상상해 볼 시간이야. 이것이 바로 Conclusion(결론)을 내다보는 작업이지. 우리의 혁신적

시도가 고객의 삶은 물론 사회와 시장 전반에 어떤 임팩트를 줄 수 있을지 나만의 비전을 그려 보자.

(예시: 이번 신제품 론칭을 통해 [친환경 소비 문화를 선도]하는 브랜드로 자리매김할 것입니다! / [시니어 라이프스타일 혁신]을 불러올 우리만의 차별화된 서비스, 자신 있게 출시하겠습니다! / [1인 가구를 위한 새로운 소비 트렌드]를 이끌어낼 우리 앱의 탄생을 기대해 주세요!)

이상의 내용을 'TOPREC 신제품/서비스 개발 프로세스 워크북' 템플릿에 맞춰 멋지게 정리해 줘. 창의적이고 전략적으로 신제품/서비스 개발에 접근할 수 있는 혁신 체크리스트도 [5]개만 만들어 봐.

4.7
TOPREC으로 재정의하는 자기 리더십
: 문제해결사에서 변화의 주도자로

우리는 종종 스스로를 문제해결사로 여기곤 합니다. 주어진 과제를 잘 수행하고, 맡은 바 책임을 다하는 것. 그것만으로도 충분히 잘하고 있다고 자부하죠. 하지만 그런 사고방식으로는 더 이상 급변하는 비즈니스 환경에서 살아남기 힘들 거예요. 이제는 주어진 문제에 대응하는 것을 넘어, 문제 자체를 재정의하고 변화를 선도하는 진정한 리더십이 필요한 시대가 도래했거든요. 우리는 어떻게 하면 변화를 두려워하지 않고 오히려 그 기회를 포착할 수 있을까요?

바로 여기, 자기 리더십에 대한 혁신적 사고, TOPREC 솔루션이 그 열쇠를 쥐고 있습니다. Topic(주제), Origin(기원), Process(과정), Reason(이유), Example(사례), Conclusion(결론)의 6단계 사고 과정을 자기 리더십에 적용한다면, 우리는 단순히 주어진 역할에 충실한 문제해결사에서 한 차원 진화한 변화의 플레이메이커로 거듭날 수 있습니다. 자, 지금부터 TOPREC 렌즈로 바라본 자기 리더십의 혁신 여정을 시작해 볼까요?

무엇보다 자신만의 리더십 Topic(주제)을 명확히 하는 것부터 시작해야겠죠. "창의적 사고로 혁신 주도하기", "소통과 협업의 롤모델 되기", "고객 가치 창출에 집중하기" 등 내가 리더로서 중점적으로 추구할 가치를 선명하게 정의하는 거예요. 여기서 Origin(기원), 즉 이런 주제에 집중하게 된 배경을 함께 되새겨 보면 리더십에 대한 이해가 더욱 깊어질 거예요. 급변하는 환경에서 느낀 위기감, 기존 방식의 한계에 대한 문제의식, 혁신의 필요성에 대한 공감 등이 우리를 변화로 이끄는 원동력이 될 테니까요.

이제 변화를 향한 구체적 행동, Process(과정)를 설계해 봅시다. 기존의 통념에 도전하는 질문 던지기, 다양성을 존중하며 열린 소통 이어가기, 실패를 허용하고 배움을 격려하는 문화 만들기 등 변화를 체감할 수 있는 실천 과제를 단계별로 정리해 보세요. 자기 리더십 혁신의 밑그림이 그려질 거예요.

여기서 잠깐, 왜 내가 변화를 주도해야 하는지 근본적인 Reason(이유)을 곱씹어 보는 시간을 가져야겠어요. 미래를 개척하는 용기 있는 리더가 되고 싶어서? 구성원들에게 긍정적 영향력을 주고 싶어서? 아니면 조직과 함께 성장하는 여정을 걷고 싶어서? 이런 자문은 우리에게 앞으로 나아갈 이유와 힘을 선사할 거예요.

물론 내 앞에는 험난한 도전의 길이 펼쳐져 있겠죠. 하지만 영감을 주는 Example(사례)의 힘을 빌리면 두려움은 설렘으로 바뀔 거예요. 변화를 두려워하지 않고 기회로 포용한 리더들, 실패를 발판 삼아 혁신을 이뤄낸 조직들, 그들의 경험은 우리에게 용기와 지혜를 전해줄 테니까요.

이 여정의 마지막 종착점은 바로 Conclusion(결론), 자기 리더십의 혁신을 통해 이뤄낼 변화상을 그려보는 일이에요. 내 작은 변화가 불러올 파급력을 상상해 보세요. 구성원 개개인의 잠재력이 깨어나는 모습, 창의적 아이디어가 샘솟는 현장, 도전적인 목표를 향해 한마음으로 전진하는 우리의 모습까지. 그 변화의 물결이 바로 내 손에서 시작될 수 있다는 사실, 잊지 않길 바라요.

물론 문제해결사에서 변화의 플레이메이커로 거듭나는 건 단숨에 이뤄지는 일이 아닙니다. 시행착오와 난관도 수없이 맞닥뜨리겠죠. 하지만 포기하지 마세요. TOPREC 사고가 내 안의 잠재된 리더십을 일깨워줄 테니까요. 작은 실천을 반복하다 보면 어느새 당신은 흐름을 읽고 새로운 길을 여는, 명실상부한 리더로 우뚝 서 있을 거예요.

자, 이제 TOPREC으로 무장한 여러분만의 자기 리더십 혁명을 시작해 보세요. 고민하던 주제를 명확히 하고, 변화의 이유를 마음에 새기고, 실천 과제를 하나씩 그려가며, 영감의 사례를 발굴하고, 그려나갈 변화의 밑그림에 담대한 결론을 보태는 그 여정 속에서 우리는 성장할 수 있으니까요.

주어진 세계에 안주하는 평범한 문제해결사는 이제 그만. 변화무쌍한 세상 한가운데서 흐름을 읽고 변화를 선도하는, 그런 리더가 바로 우리가 그려가야 할 새로운 자기 리더십의 모습 아닐까요? TOPREC 사고의 날개를 달고 우리 모두 한 단계 도약해 보자고요. 당신의 내일을, 그리고 우리가 함께 만들 세상의 변화를 응원하겠습니다.

〈TOPREC으로 시작하는 자기 리더십 혁신 워크북〉

자기 리더십에 변화가 필요하다고 느낀 바로 당신, TOPREC 사고로 리더십 혁신을 향한 항해를 시작해 보는 건 어떨까요? 문제해결사에서 변화의 플레이메이커로, 평범한 리더에서 비범한 혁신가로 우뚝 서는 그 여정. 지금부터 함께 그려볼까요?

Step 1. 나의 자기 리더십이 집중할 Topic(주제) 정하기

(예시) 실험정신으로 무장하고 혁신을 지속할 수 있는 조직문화 구축

나의 자기 리더십 Topic:

Step 2. 이 주제에 몰두하게 된 Origin(기원) 성찰하기

(예시) 급변하는 시장에서 끊임없는 자기 혁신 없이는 경쟁에서 살아남기 힘들다는 위기감. 기존의 방식으로는 한계에 봉착할 수밖에 없음을 절감함.

나의 리더십 혁신의 Origin:

Step 3. 리더십 변화의 실천 Process(과정) 그려보기

(예시)

1. 기존의 성공 방정식에 의문 제기하기
2. 이종 산업·영역의 혁신 사례 탐구하기
3. 혁신의 필요성과 방향성 공유하기
4. 도전적 실험을 장려하는 분위기 조성하기
5. 작은 성공 사례 발굴하고 확산하기

나만의 리더십 혁신 Process:

Step 4. 변화를 추동하는 Reason(이유) 마음에 새기기

(예시) 미래를 개척하는 용기 있는 리더가 되고 싶다. 혁신의 문화가 조직의 지속가능성을 담보한다고 믿는다.

내가 변화를 주도하는 Reason:

Step 5. 모범이 될 만한 Example(사례) 수집하기

(예시) 혁신 DNA를 지속 진화시키며 시장을 선도하는 글로벌 테크 기업들의 사례. 전통적 산업의 틀을 깨고 신시장을 개척한 스타트업들의 도전 스토리.

나의 리더십 Example이 될 만한 사례:

Step 6. 변화 리더십의 Conclusion(결론) 그려보기

(예시) 나의 작은 변화가 불러올 혁신의 물결, 그 여정의 끝에서 우리 조직은 변화에 적응하는 것이 아닌 변화 그 자체가 되어 업계를 리드하는 선도주자로 우뚝 설 것이다!

나의 자기 리더십 혁신 Conclusion:

〈자기 리더십 변화의 TOPREC 체크리스트〉
- ◆ [ ] 기존 사고방식에 도전장 내밀기
- ◆ [ ] 창의적 발상으로 가능성의 경계 넓히기
- ◆ [ ] 실행 속도 높이는 돌파력 키우기
- ◆ [ ] 실패를 반복하며 성장하는 회복탄력성 기르기
- ◆ [ ] 앞으로 나아갈 원동력, 변화의 이유 되새기기

이제 TOPREC 렌즈로 무장한 여러분만의 자기 리더십 변화 여정이 시작되는 순간이에요. 머릿속으로 그려온 멋진 리더의 모습, 오늘부터 현실로 만들어가 보는 거예요.

문제해결에 갇혀 안주할 것인가, 변화를 기회로 포착할 것인가.

우리에겐 선택지가 있답니다. 후자의 길은 분명 쉽지 않겠지만, 그 길 위에서 우리는 진정 성장할 수 있을 거예요. 익숙한 영역에서 벗어나 새로운 길을 개척하는 용기, 바로 그것이 진정한 자기 리더십의 시작이 아닐까요?

변화를 두려워하지 않는 당신의 모습, 항해를 시작하는 그 설렘으로 가득 찬 눈빛. 모두가 주저할 때 먼저 한 걸음 내디디는 모습까지. 제가 지금부터 응원하고 있을게요. TOPREC 사고로 재무장한 여러분의 자기 리더십 혁명, 오늘부터 그 위대한 모험을 함께 떠나보아요!

〈TOPREC 전략적 데이터 분석 워크북 자동 작성 프롬프트〉

안녕, 너의 이름은 TOPREC 리더십 혁신가야. 너는 기존의 문제해결사 리더십에서 한 단계 도약하여 변화를 주도하는 플레이메이커형 리더로 거듭날 수 있도록, 탑렉의 6단계 사고법을 활용한 자기 리더십 혁신 전략을 제안하는 역할을 해. 내가 지금부터 줄 정보를 바탕으로 TOPREC으로 시작하는 자기 리더십 혁신 워크북을 완성해 줘.

1. 우선 내가 리더로서 중점적으로 추구할 핵심 가치, 즉 리더십의 Topic(주제)을 명확히 정의해 보자. 주제는 [창의성과 혁신, 소통과 협업, 고객 중심, 솔선수범, 성장 마인드셋, 포용성과 다양성, 사회적 책

임, 긍정적 영향력, 변화 주도]와 같이 리더로서의 정체성과 미션을 담고 있어야 해. 나는 리더십의 핵심 주제로 [ ]을/를 선택하겠어.

2. 다음으로 이 주제에 집중하게 된 계기와 배경, 즉 Origin(기원)을 짚어 보는 게 중요해. [급변하는 환경에 대한 위기감, 기존 방식의 한계 인식, 혁신의 필요성 공감, 영감을 준 타인의 사례, 자기 성찰을 통한 깨달음 등]이 그 출발점이 되었을 거야. 내 리더십 전환의 계기가 된 Origin은 바로 [ ]이야.

3. 자, 이제 리더십 혁신을 위해 실천할 구체적인 액션 플랜, 즉 Process(과정)를 단계별로 설계해 보자. 내 리더십 주제에 맞는 실천 과제를 [경계 허무는 질문 던지기, 열린 소통의 장 마련하기, 창의적 실험 장려하기, 실패를 성장의 기회로 삼기, 변화에 적응하는 민첩성 기르기 등]에서 골라 세워 보자.

나만의 리더십 혁신 Process:
①
②
③
④
⑤

4. 여기서 내가 변화를 주도하는 리더가 되어야 하는 Reason(이유)을 곱씹어 보는 것, 잊지 말자. [미래 경쟁력 확보를 위해, 구성원들의 성장

을 이끌어 내기 위해, 조직의 지속가능한 발전을 위해] 변화는 선택이 아닌 필수라는 걸 명심해야 해. 나에게 리더십 혁신의 WHY는 [ ]야.

5. 이 여정이 쉽지만은 않겠지만, 동료 리더들의 사례나 영감을 주는 Example(사례)에서 힘을 얻어 보자. 그들이 어떻게 기존의 틀에서 벗어나 변화를 이끌어 냈는지, 어떤 노력과 실천으로 구성원들을 인스파이어했는지 배울 점이 많을 거야. 내가 벤치마킹하고 싶은 리더십 혁신 사례는 [ ]야.

6. 끝으로 나의 변화된 리더십을 통해 만들어 갈 미래, 그 Conclusion(결론)을 상상해 보자. 내 작은 변화가 촉발할 혁신의 물결, 그 끝에 우리 조직이 도달하게 될 놀라운 변화까지 그려 보는 거야. 리더십 혁신을 통해 이뤄낼 비전을 한 문장으로 적어 봐.

(예시: 나의 리더십 변화를 통해 [구성원 모두가 혁신가로 거듭나는 조직]을 만들어 가고 싶습니다! / 창의성과 도전정신으로 무장한 우리 팀이 [업계 변화를 선도하는 혁신 리더]로 자리매김할 것입니다! / 경계를 허무는 혁신의 문화로 [새로운 시장과 고객 가치를 창출하는 조직]으로 진화하겠습니다!)

나의 리더십 변화 비전 Conclusion:

이상의 내용을 'TOPREC으로 시작하는 자기 리더십 혁신 워크북' 템플릿에 잘 정리해 줘. 그리고 리더십 체인지 메이커로서 꼭 기억하고 실천해야 할 체크리스트 항목도 [5]개 만들어 봐.

이세훈 글

AI 시대를 앞서가는 탑렉(TOPREC) 솔루션

대기업 30년 경영혁신 전문가의 AI 활용 창의적 문제 해결 솔루션

인쇄 2024년 7월 25일
발행 2024년 8월 1일

지은이 이세훈
발행인 서정환
펴낸곳 신아출판사
주소 서울특별시 종로구 삼일대로 32길 36. 운현신화타워 305호
전화 (02) 3675-3885 · 5635, (063) 275-4000
팩스 (063) 274-3131
이메일 sina321@hanmail.net
출판등록 제465-1984-000004호
인쇄 · 제본 신아문예사

저작권자 ⓒ 2024, 이세훈
이 책의 저작권은 저자에게 있습니다.
서면에 의한 저자의 허락없이 내용의 일부를 인용하거나 발췌하는 것을 금합니다.
저자와 협의, 인지는 생략합니다.
잘못된 책은 바꿔 드립니다.

ISBN 979-11-94198-15-4 (03810)

값 18,000원

Printed in KOREA